令和6年版教科書対応

板書で見る

全単元
の授業のすべて

国語

小学校 6 年 上

中村和弘 監修
西川義浩・秦美穂 編著

東洋館
出版社

まえがき

　令和2年に全面実施となった小学校の学習指導要領では、これからの時代に求められる資質・能力や教育内容が示されました。

　この改訂を受け、これからの国語科では、

・言語活動を通して「言葉による見方・考え方」を働かせながら学習に取り組むことができるようにする。

・単元の目標／評価を、〔知識及び技能〕と〔思考力、判断力、表現力等〕のそれぞれの指導事項を結び付けて設定し、それらの資質・能力が確実に身に付くよう学習過程を工夫する。

・「主体的・対話的で深い学び」の視点から、単元の構成や教材の扱い、言語活動の設定などを工夫する授業改善を行う。

などのことが求められています。

　一方で、こうした授業が全国の教室で実現するには、いくつかの難しさを抱えているように思います。例えば、言語活動が重視されるあまり、「国語科の授業で肝心なのは、言葉や言葉の使い方などを学ぶことである」という共通認識が薄れているように感じています。

　あるいは、活動には取り組めているけれども、「今日の学習で、どのような言葉の力が付いたのか」が、子供たちだけでなく教師においても、ややもすると自覚的でない授業を見ることもあります。

　国語科の授業を通して「どんな力が付けばよいのか」「何を教えればよいのか」という肝心な部分で、困っている先生方が多いのではないかと思います。

　　　　　　　　　　＊　　　　　　　　　　　　　　　　　＊

　さて、『板書で見る全単元の授業のすべて　小学校国語』（本シリーズ）は、平成29年の学習指導要領の改訂を受け、令和2年の全面実施に合わせて初版が刊行されました。このたび、令和6年版の教科書改訂に合わせて、本シリーズも改訂することになりました。

　GIGAスクール構想に加え、新型コロナウイルス感染症の猛威などにより、教室でのICT活用が急速に進み、この4年間で授業の在り方、学び方も大きく変わりました。改訂に当たっては、単元配列や教材の入れ替えなど新教科書に対応するだけでなく、ICTの効果的な活用方法や、個別最適な学びと協働的な学びを充実させるための手立てなど、今求められる授業づくりを発問と子供の反応例、板書案などを通して具体的に提案しています。

　　　　　　　　　　＊　　　　　　　　　　　　　　　　　＊

　日々教室で子供たちと向き合う先生に、「この単元はこんなふうに授業を進めていけばよいのか」「国語の授業はこんなところがポイントなのか」と、国語科の授業づくりの楽しさを感じながらご活用いただければ幸いです。

　令和6年4月

　　　　　　　　　　　　　　　　　　　　　　　　　　　　中村　和弘

本書活用のポイント─単元構想ページ─

　本書は、各学年の全単元について、単元全体の構想と各時間の板書のイメージを中心とした本時案を紹介しています。各単元の冒頭にある単元構想ページの活用のポイントは次のとおりです。

教材名と指導事項、関連する言語活動例

　本書の編集に当たっては、令和6年発行の光村図書出版の国語教科書を参考にしています。まずは、各単元で扱う教材とその時数、さらにその下段に示した学習指導要領に即した指導事項や関連する言語活動例を確かめましょう。

単元の目標

　単元の目標を示しています。各単元で身に付けさせたい資質・能力の全体像を押さえておきましょう。

評価規準

　ここでは、指導要録などの記録に残すための評価を取り上げています。本書では、記録に残すための評価は❶❷のように色付きの丸数字で統一して示しています。本時案の評価で色付きの丸数字が登場したときには、本ページの評価規準と併せて確認することで、より単元全体を意識した授業づくりができるようになります。

同じ読み方の漢字　（2時間扱い）

単元の目標

知識及び技能	・第5学年までに配当されている漢字を読むことができる。第4学年までに配当されている漢字を書き、文や文章の中で使うとともに、第5学年に配当されている漢字を漸次書き、文や文章の中で使うことができる。((1)エ)
学びに向かう力、人間性等	・言葉がもつよさを認識するとともに、進んで読書をし、国語の大切さを自覚して思いや考えを伝え合おうとする。

評価規準

知識・技能	❶第5学年までに配当されている漢字を読んでいる。第4学年までに配当されている漢字を書き、文や文章の中で使うとともに、第5学年に配当されている漢字を漸次書き、文や文章の中で使っている。((知識及び技能)(1)エ)
主体的に学習に取り組む態度	❷同じ読み方の漢字の使い分けに関心をもち、同訓異字や同音異義語について進んで調べたり使ったりして、学習課題に沿って、それらを理解しようとしている。

単元の流れ

時	主な学習活動	評価
1	学習の見通しをもつ 同訓異字を扱ったメールのやり取りを見て、気付いたことを発表する。 同訓異字と同音異義語について調べるという見通しをもち、学習課題を設定する。 同じ読み方の漢字について調べ、使い分けられるようになろう。 教科書の問題を解き、同訓異字や同音異義語を集める。 〈課外〉・同訓異字や同音異義語を集める。 　　　　・集めた言葉を教室に掲示し、共有する。	❶
2	集めた同訓異字や同音異義語から調べる言葉を選び、意味や使い方を調べ、ワークシートにまとめる。 調べたことを生かして、例文やクイズを作って紹介し合い、同訓異字や同音異義語の意味や使い方について理解する。 学習を振り返る 学んだことを振り返り、今後に生かしていきたいことを発表する。	❷

授業づくりのポイント

〈単元で育てたい資質・能力〉
　本単元のねらいは、同じ読み方の漢字の理解を深め、正しく使うことができるようにすることである。

同じ読み方の漢字
156

単元の流れ

　単元の目標や評価規準を押さえた上で、授業をどのように展開していくのかの大枠をここで押さえます。各展開例は学習活動ごとに構成し、それぞれに対応する評価をその右側の欄に示しています。

　ここでは、「評価規準」で挙げた記録に残すための評価のみを取り上げていますが、本時案では必ずしも記録には残さない、指導に生かす評価も示しています。本時案での詳細かつ具体的な評価の記述と併せて確認することで、指導と評価の一体化を意識することが大切です。

　また、学習の見通しをもつ　学習を振り返る　という見出しが含まれる単元があります。見通しをもたせる場面と振り返りを行う場面を示すことで、教師が子供の学びに向かう姿を見取ったり、子供自身が自己評価を行う機会を保障したりすることに活用できるようにしています。

そのためには、どのような同訓異字や同音異義語があるか、国語辞典や漢字辞典などを使って進んで集めたり意味を調べたりすることに加えて、実際に使われている場面を想像する力が必要となる。

選んだ言葉の意味や使い方を調べ、例文やクイズを作ることで、漢字の意味を捉えたり、場面に応じて使い分けたりする力を育む。

> 【具体例】
> ○教科書に取り上げられている「熱い」「暑い」「厚い」を国語辞典で調べると、その言葉の意味とともに、熟語や対義語、例文が掲載されている。それらを使って、どう説明したら意味が似通っているときでも正しく使い分けることができるかを考え、理解を深めることができる。

〈教材・題材の特徴〉

教科書で扱われている同訓異字や同音異義語は、子どもに身に付けさせたい漢字や言葉ばかりであるが、ともすれば練習問題的な扱いになりがちである。子ども一人一人に応じた配慮をしながら、主体的に考えて取り組める活動にすることが大切である。

本教材での学習を通して、同訓異字や同音異義語が多いという日本語の特色とともに、一文字で意味をもち、使い分けることができる漢字の豊かさに気付かせたい。そのことが、漢字に対する興味・関心や学習への意欲を高めることになる。

> 【具体例】
> ○導入では、同訓異字によってすれ違いが起こる事例を提示する。生活の中で起こりそうな場面を設定することで、これから学習することへの興味・関心を高めるとともに、その事例の内容から課題を見付け、学習の見通しをもたせることができる。

〈言語活動の工夫〉

数多くある同訓異字や同音異義語を区別して正しく使えるようになることを目標に、集めた言葉を付箋紙またはホワイトボードアプリにまとめる。言葉を集める際は、「自分たちが使い分けられるようになりたい漢字」という視点で集めることで、主体的に学習に取り組めるようにする。

さらに、例文やクイズを作成する過程では、使い分けができるような内容になっているかどうか、友達と互いにアドバイスし合いながら対話的に学習を進められるようにする。自分が理解するだけでなく、友達に自分が調べたことを分かりやすく伝えたいという相手意識を大切にしたい。

〈ICTの効果的な活用〉

調査：言葉集めの際は、国語辞典や漢字辞典を用いたい。しかし、辞典の扱いが厳しい児童にはインターネットでの検索を用いてもよいこととし、意味や例文の確認のために辞典を活用するよう声を掛ける。

記録：集めた言葉をホワイトボードアプリに記録していくことで、どんな言葉が集まったのかをクラスで共有することができる。

共有：端末のプレゼンテーションソフトなどを用いて例文を作り、同訓異字や同音異義語の部分を空欄にしたり、選択問題にしたりすることで、もっとクイズを作りたい、友達と解き合いたいという意欲につなげたい。

授業づくりのポイント

ここでは、各単元の授業づくりのポイントを取り上げています。

全ての単元において〈単元で育てたい資質・能力〉を解説しています。単元で育てたい資質・能力を確実に身に付けさせるために、気を付けたいポイントや留意点に触れています。授業づくりに欠かせないポイントを押さえておきましょう。

他にも、単元や教材文の特性に合わせて〈教材・題材の特徴〉〈言語活動の工夫〉〈他教材や他教科との関連〉〈子供の作品やノート例〉〈並行読書リスト〉などの内容を適宜解説しています。これらの解説を参考にして、学級の実態に応じた工夫を図ることが大切です。各項目では解説に加え、具体例も挙げていますので、併せてご確認ください。

ICTの効果的な活用

1人1台端末の導入・活用状況を踏まえ、本単元におけるICT端末の効果的な活用について、「調査」「共有」「記録」「分類」「整理」「表現」などの機能ごとに解説しています。活用に当たっては、学年の発達段階や、学級の子供の実態に応じて取捨選択し、アレンジすることが大切です。

本ページ、また本時案ページを通して、具体的なソフト名は使用せず、原則、下記のとおり用語を統一しています。ただし、アプリ固有の機能などについて説明したい場合はアプリ名を記載することとしています。

〈ICTソフト：統一用語〉

Safari、Chrome、Edge →ウェブブラウザ ／ Pages、ドキュメント、Word →文書作成ソフト
Numbers、スプレッドシート、Excel →表計算ソフト ／ Keynote、スライド、PowerPoint →プレゼンテーションソフト ／ クラスルーム、Google Classroom、Teams →学習支援ソフト

本書活用のポイント—本時案ページ—

単元の各時間の授業案は、板書のイメージを中心に、目標や評価、学習の進め方などを合わせて見開きで構成しています。各単元の本時案ページの活用のポイントは次のとおりです。

本時の目標

本時の目標を示しています。単元構想ページとは異なり、各時間の内容により即した目標を示していますので、「授業の流れ」などと併せてご確認ください。

本時の主な評価

ここでは、各時間における評価について2種類に分類して示しています。それぞれの意味は次のとおりです。

○ ❶❷などの色付き丸数字が付いている評価

指導要録などの記録に残すための評価を表しています。単元構想ページにある「単元の流れ」の表に示された評価と対応しています。各時間の内容に即した形で示していますので、具体的な評価のポイントを確認することができます。

○「・」の付いている評価

必ずしも記録に残さない、指導に生かす評価を表しています。以降の指導に反映するための教師の見取りとして大切な視点です。指導との関連性を高めるためにご活用ください。

本時案

同じ読み方の漢字

本時の目標
・同訓異字と同音異義語について知り、言葉や漢字への興味を高めることができる。

本時の主な評価
❶同訓異字や同音異義語を集めて、それぞれの意味を調べている。【知・技】
・漢字や言葉の読みと意味の関係に興味をもち、進んで調べたり考えたりしている。

資料等の準備
・メールのやりとりを表す掲示物
・国語辞典
・漢字辞典
・関連図書（『ことばの使い分け辞典』学研プラス、『同音異義語・同訓異字①②』童心社、『のびーる国語 使い分け漢字』KADOKAWA）

授業の流れ ▷▷▷

1 同訓異字を扱ったやり取りを見て、気付いたことを発表する 〈10分〉

T 今から、あるやり取りを見せます。どんな学習をするのか、考えながら見てください。
○「移す」と「写す」を使ったやり取りを見せることで、同訓異字の存在に気付いてその特徴を知り、興味・関心を高められるようにする。
・「移す」と「写す」で意味の行き違いが生まれてしまいました。
・同じ読み方でも、意味が違う漢字の学習をするのだと思います。
・自分も、どの漢字を使えばよいのか迷った経験があります。

ICT端末の活用ポイント
メールのやり取りは、掲示物ではなく、プレゼンテーションソフトで作成し、アニメーションで示すと、より生活経験に近づく。

2 学習のめあてを確認し、同訓異字と同音異義語について知る 〈10分〉

T 教科書p.84の「あつい」について、合う言葉を線で結びましょう。
・「熱い」と「暑い」は意味が似ているから、間違えやすいな。
T このように、同じ訓の漢字や同じ音の熟語が日本語にはたくさんあります。それらの言葉を集めて、どんな使い方をするのか調べてみましょう。
○「同じ訓の漢字（同訓異字）」と「同じ音の熟語（同音異義語）」を押さえ、訓読みと音読みの違いを理解できるようにする。

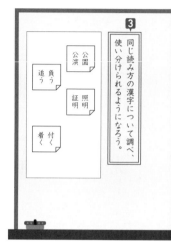

同じ読み方の漢字
158

資料等の準備

ここでは、板書をつくる際に準備するとよいと思われる絵やカード等について、箇条書きで示しています。なお、⬇の付いている付録資料については、巻末にダウンロード方法を示しています。

ICT端末の活用ポイント／ICT等活用アイデア

必要に応じて、活動の流れの中でのICT端末の活用の具体例や、本時におけるICT活用の効果などを解説しています。

学級の子供の実態に応じて取り入れ、それぞれの考えや意見を瞬時に共有したり、分類することで思考を整理したり、記録に残して見返すことで振り返りに活用したりなど、学びを深めるための手立てとして活用しましょう。

同じ読み方の漢字

1
同じ訓の漢字や同じ音の熟語を集めよう。

2
・同じ訓の漢字……
　　【移す】【写す】【映す】
　　【暑い】【熱い】【厚い】

・同じ音の熟語……
　　【公園】【公演】
　　【週間】【週刊】

画面内：
花がとどいたよ。
お庭に出しておくね。

花を
うつしておいてね。

3 教科書の問題を解き、同訓異字や同音異義語を集める　〈25分〉

T　同じ訓の漢字や同じ音の熟語は、意味を考えて、どの漢字を使うのが適切かを考えなければなりません。教科書の問題を解いて、練習してみましょう。

○初めから辞典で調べるのではなく、まずは子ども自身で意味を考えさせたい。難しい子どもには、ヒントとなるような助言をする。

T　これまで習った漢字の中から、自分たちが使い分けられるようになりたい同じ訓の漢字や、同じ音の熟語を集めてみましょう。

○漢字辞典や国語辞典だけでなく、関連図書を準備しておくとよい。

T　次時は、理解を深めたい字の使い分け方について調べて、友達に伝えましょう。

ICT 等活用アイデア

調査活動を広げる工夫

第1時と第2時の間の課外で、同訓異字・同音異義語を集める活動を行う。辞典だけでなく、経験やインタビュー、さらにインターネットなどを活用するとよい。

また、集めた言葉を「同じ訓の字」と「同じ音の熟語」に分けてホワイトボードアプリに記録していくことで、友達がどんな言葉を見つけたのか、どのくらい集まったのかをクラスで共有することができる。

第1時
159

本時の板書例

子供たちの学びを活性化させ、授業の成果を視覚的に確認するための板書例を示しています。学習活動に関する項立てだけでなく、子供の発言例なども示すことで、板書全体の構成をつかみやすくなっています。

板書に示されている**1 2**などの色付きの数字は、「授業の流れ」の各展開と対応しています。どのタイミングで何を提示していくのかを確認し、板書を効果的に活用することを心掛けましょう。

色付きの吹き出しは、板書をする際の留意点です。実際の板書では、テンポよくまとめる必要がある部分があったり、反対に子供の発言を丁寧に記していく必要がある部分があったりします。留意点を参考にすることで、メリハリをつけて板書を作ることができるようになります。

その他、色付きの文字で示された部分は実際の板書には反映されない部分です。黒板に貼る掲示物などが当たります。

これらの要素をしっかりと把握することで、授業展開と一体となった板書を作り上げることができます。

よりよい授業へのステップ

ここでは、本時の指導についてポイントを絞って解説しています。授業を行うに当たって、子供がつまずきやすいポイントやさらに深めたい内容について、各時間の内容に即して実践的に示しています。よりよい授業づくりのために必要な視点を押さえましょう。

授業の流れ

1時間の授業をどのように展開していくのかについて示しています。

各展開例について、主な学習活動とともに目安となる時間を示しています。導入に時間を割きすぎたり、主となる学習活動に時間を取れなかったりすることを避けるために、時間配分もしっかりと確認しておきましょう。

各展開は、T：教師の発問や指示等、・：予想される子供の反応例、○：留意点等の3つの内容で構成されています。この展開例を参考に、各学級の実態に合わせてアレンジを加え、より効果的な授業展開を図ることが大切です。

板書で見る全単元の授業のすべて
国語 小学校 6 年上 ―令和 6 年版教科書対応―
もくじ

1 第 6 学年における授業づくりのポイント

2 第 6 学年の授業展開

1

第6学年における
授業づくりのポイント

「主体的・対話的で深い学び」を目指す授業づくりのポイント

1 国語科における「主体的・対話的で深い学び」の実現

　平成29年告示の学習指導要領では、国語科の内容は育成を目指す資質・能力の3つの柱の整理を踏まえ、〔知識及び技能〕と〔思考力、判断力、表現力等〕から編成されている。これらの資質・能力は、国語科の場合は言語活動を通して育成される。

　つまり、子供の取り組む言語活動が充実したものであれば、その活動を通して、教師の意図した資質・能力は効果的に身に付くということになる。逆に、子供にとって言語活動がつまらなかったり気が乗らなかったりすると、資質・能力も身に付きにくいということになる。

　ただ、どんなに言語活動が魅力的であったとしても、あるいは子供が熱中して取り組んだとしても、それらを通して肝心の国語科としての資質・能力が身に付かなければ、本末転倒ということになってしまう。

　このように、国語科における学習活動すなわち言語活動は、きわめて重要な役割を担っている。その言語活動の質を向上させていくための視点が、「主体的・対話的で深い学び」ということになる。学習指導要領の「指導計画の作成と内容の取扱い」では、次のように示されている。

> 　単元など内容や時間のまとまりを見通して、その中で育む資質・能力の育成に向けて、児童の主体的・対話的で深い学びの実現を図るようにすること。その際、言葉による見方・考え方を働かせ、言語活動を通して、言葉の特徴や使い方などを理解し自分の思いや考えを深める学習の充実を図ること。

　ここにあるように、「主体的・対話的で深い学び」の実現は、「資質・能力の育成に向けて」工夫されなければならない点を確認しておきたい。

2 主体的な学びを生み出す

　例えば、「読むこと」の学習では、子供の読む力は、何度も文章を読むことを通して高まる。ただし、「読みましょう」と教師に指示されて読むよりも、「どうしてだろう」と問いをもって読んだり、「こんな点を考えてみよう」と目的をもって読んだりした方が、ずっと効果的である。問いや目的は、子供の自発的な読みを促してくれる。

　教師からの「〇場面の人物の気持ちを考えましょう」という指示的な学習課題だけでは、こうした自発的な読みが生まれにくい。「〇場面の人物の気持ちは、前の場面と比べてどうか」「なぜ、変化したのか」「AとBと、どちらの気持ちだと考えられるか」など、子供の問いや目的につながる課題や発問を工夫することが、主体的な学びの実現へとつながる。

　この点は、「話すこと・聞くこと」や「書くこと」の授業でも同じである。「まず、こう書きましょう」「書けましたか。次はこう書きましょう」という指示の繰り返しで書かせていくと、活動がいつの間にか作業になってしまう。それだけではなく、「どう書けばいいと思う？」「前にどんな書き方を習った？」「どう工夫して書けばいい文章になるだろう？」などのように、子供に問いかけ、考えさせながら書かせていくことで、主体的な学びも生まれやすくなる。

3 対話的な学びを生み出す

　対話的な学びとして、グループで話し合う活動を取り入れても、子供たちに話し合いたいことがなければ、形だけの活動になってしまう。活動そのものが大切なのではなく、何かを解決したり考えたりする際に、1人で取り組むだけではなく、近くの友達や教師などの様々な相手に、相談したり自分の考えを聞いてもらったりすることに意味がある。

　そのためには、例えば、「疑問（〇〇って、どうなのだろうね？）」「共感や共有（ねえ、聞いてほしいんだけど……）」「目的（いっしょに、〇〇しよう！）」「相談（〇〇をどうしたらいいのかな）」などをもたせることが有用である。その上で、何分で話し合うのか（時間）、誰と話し合うのか（相手）、どのように話し合うのか（方法や形態）といったことを工夫するのである。

　また、国語における対話的な学びでは、相手や対象に「耳を傾ける」ことが大切である。相手の言っていることにしっかり耳を傾け、「何を言おうとしているのか」という意図など考えながら聞くということである。

　大人でもそうだが、思っていることや考えていることなど、頭の中の全てを言葉で言い表すことはできない。だからこそ、聞き手は、相手の言葉を手がかりにしながら、その人がうまく言葉にできていない思いや考え、意図を汲み取って聞くことが大切になってくる。

　聞くとは、受け止めることであり、フォローすることである。聞き手がそのように受け止めてくれることで、話し手の方も、うまく言葉にできなくても口を開くことができる。対話的な学びとは、話し手と聞き手とが、互いの思いや考えをフォローし合いながら言語化する共同作業である。対話することを通して、思いや考えが言葉になり、そのことが思考を深めることにつながる。

　国語における対話的な学びの場面では、こうした言葉の役割や対話をすることの意味などに気付いていくことも、言葉を学ぶ教科だからこそ、大切にしていきたい。

4 深い学びを生み出す

　深い学びを実現するには、言葉による見方・考え方を働かせ、言語活動を通して国語科としての資質・能力を身に付けることが欠かせない（「言葉による見方・考え方」については、次ページを参照）。授業を通して、子供の中に、言葉や言葉の使い方についての発見や更新が生まれるということである。

　国語の授業は、言語活動を通して行われるため、どうしても活動することが目的化しがちである。だからこそ、読むことでも書くことでも、「どのような言葉や言葉の使い方を学習するために、この活動を行っているのか」を、常に意識して授業を考えていくことが最も大切である。

　そのためには、例えば、学習指導案の本時の目標と評価を、できる限り明確に書くようにすることが考えられる。「〇場面を読んで、人物の気持ちを想像する」という目標では、どのような語句や表現に着目し、どのように想像させるのかがはっきりしない。教材研究などを通して、この場面で深く考えさせたい叙述や表現はどこなのかを明確にすると、学習する内容も焦点化される。つまり、本時の場面の中で、どの語句や表現に時間をかけて学習すればよいかが見えてくる。全部は教えられないので、扱う内容の焦点化を図るのである。焦点化した内容について、課題の設定や言語活動を工夫して、子供の学びを深めていく。言葉や言葉の使い方についての、発見や更新を促していく。評価についても同様で、何がどのように読めればよいのかを、子供の姿で考えることでより具体的になる。

　このように、授業のねらいが明確になり、扱う内容が焦点化されると、その部分の学習が難しい子供への手立ても、具体的に用意することができる。どのように助言したり、考え方を示したりすればその子供の学習が深まるのかを、個別に具体的に考えていくのである。

「言葉による見方・考え方」を働かせる授業づくりのポイント

1 「言葉を学ぶ」教科としての国語科の授業

国語科は「言葉を学ぶ」教科である。

物語を読んで登場人物の気持ちについて話し合っても、説明文を読んで分かったことを新聞にまとめても、その言語活動のさなかに、「言葉を学ぶ」ことが子供の中に起きていなければ、国語科の学習に取り組んだとは言いがたい。

「言葉を学ぶ」とは、普段は意識することのない「言葉」を学習の対象とすることであり、これもまたあまり意識することのない「言葉の使い方」（話したり聞いたり書いたり読んだりすること）について、意識的によりよい使い方を考えたり向上させたりしていくことである。

例えば、国語科で「ありの行列」という説明的文章を読むのは、アリの生態や体の仕組みについて詳しくなるためではない。その文章が、どのように書かれているかを学ぶために読む。だから、文章の構成を考えたり、説明の順序を表す接続語に着目したりする。あるいは、「問い」の部分と「答え」の部分を、文章全体から見つけたりする。

つまり、国語科の授業では、例えば、文章の内容を読み取るだけでなく、文章中の「言葉」の意味や使い方、効果などに着目しながら、筆者の書き方の工夫を考えることなどが必要である。また、文章を書く際にも、構成や表現などを工夫し、試行錯誤しながら相手や目的に応じた文章を書き進めていくことなどが必要となってくる。

2 言葉による見方・考え方を働かせるとは

平成29年告示の学習指導要領では、小学校国語科の教科の目標として「言葉による見方・考え方を働かせ、言語活動を通して、国語で正確に理解し適切に表現する資質・能力を次のとおり育成することを目指す」とある。その「言葉による見方・考え方を働かせる」ということついて、『小学校学習指導要領解説　国語編』では、次のように説明されている。

> 言葉による見方・考え方を働かせるとは、児童が学習の中で、対象と言葉、言葉と言葉との関係を、言葉の意味、働き、使い方等に着目して捉えたり問い直したりして、言葉への自覚を高めることであると考えられる。様々な事象の内容を自然科学や社会科学等の視点から理解することを直接の学習目的としない国語科においては、言葉を通じた理解や表現及びそこで用いられる言葉そのものを学習対象としている。このため、「言葉による見方・考え方」を働かせることが、国語科において育成を目指す資質・能力をよりよく身に付けることにつながることとなる。

一言でいえば、言葉による見方・考え方を働かせるとは、「言葉」に着目し、読んだり書いたりする活動の中で、「言葉」の意味や働き、その使い方に目を向け、意識化していくことである。

前に述べたように、「ありの行列」という教材を読む場合、文章の内容の理解のみを授業のねらいとすると、理科の授業に近くなってしまう。もちろん、言葉を通して内容を正しく読み取ることは、国語科の学習として必要なことである。しかし、接続語に着目したり段落と段落の関係を考えたりと、文章中に様々に使われている「言葉」を捉え、その意味や働き、使い方などを検討していくことが、言葉による見方・考え方を働かせることにつながる。子供たちに、文章の内容への興味をもたせるとともに、書かれている「言葉」を意識させ、「言葉そのもの」に関心をもたせることが、国語科

の授業では大切となる。

3 〔知識及び技能〕と〔思考力、判断力、表現力等〕

　言葉による見方・考え方を働かせながら、文章を読んだり書いたりさせるためには、〔知識及び技能〕の事項と〔思考力、判断力、表現力等〕の事項とを組み合わせて、授業を構成していくことが必要となる。文章の内容ではなく、接続語の使い方や文末表現への着目、文章構成の工夫や比喩表現の効果など、文章の書き方に目を向けて考えていくためには、そもそもそういった種類の「言葉の知識」が必要である。それらは主に〔知識及び技能〕の事項として編成されている。

　一方で、そうした知識は、ただ知っているだけでは、読んだり書いたりするときに生かされてこない。例えば、文章構成に関する知識を使って、今読んでいる文章について、構成に着目してその特徴や筆者の工夫を考えてみる。あるいは、これから書こうとしている文章について、様々な構成の仕方を検討し、相手や目的に合った書き方を工夫してみる。これらの「読むこと」や「書くこと」などの領域は、〔思考力、判断力、表現力等〕の事項として示されているので、どう読むか、どう書くかを考えたり判断したりする言語活動を組み込むことが求められている。

　このように、言葉による見方・考え方を働かせながら読んだり書いたりするには、「言葉」に関する知識・技能と、それらをどう駆使して読んだり書いたりすればいいのかという思考や判断力などの、両方の資質・能力が必要となる。単元においても、〔知識及び技能〕の事項と〔思考力、判断力、表現力等〕の事項とを両輪のように組み合わせて、目標／評価を考えていくことになる。先に引用した『解説』の最後に、「『言葉による見方・考え方』を働かせることが、国語科において育成を目指す資質・能力をよりよく身に付けることにつながる」としているのも、こうした理由からである。

4 他教科等の学習を深めるために

　もう1つ大切なことは、言葉による見方・考え方を働かせることが、各教科等の学習にもつながってくる点である。一般的に、学習指導要領で使われている「見方・考え方」とは、その教科の学びの本質に当たるものであり、教科固有のものであるとして説明されている。ところが、言葉による見方・考え方は、他教科等の学習を深めることとも関係してくる。

　これまで述べてきたように、国語科で文章を読むときには、書かれている内容だけでなく、どう書いてあるかという「言葉」の面にも着目して読んだり考えたりしていくことが大切である。

　この「言葉」に着目し、意味を深く考えたり、使い方について検討したりすることは、社会科や理科の教科書や資料集を読んでいく際にも、当然つながっていくものである。例えば、言葉による見方・考え方が働くということは、社会の資料集や理科の教科書を読んでいるときにも、「この言葉の意味は何だろう、何を表しているのだろう」と、言葉と対象の関係を考えようとしたり、「この用語と前に出てきた用語とは似ているが何が違うのだろう」と言葉どうしを比較して検討しようとしたりするということである。

　教師が、「その言葉の意味を調べてみよう」「用語同士を比べてみよう」と言わなくても、子供自身が言葉による見方・考え方を働かせることで、そうした学びを自発的にスタートさせることができる。国語科で、言葉による見方・考え方を働かせながら学習を重ねてきた子供たちは、「言葉」を意識的に捉えられる「構え」が生まれている。それが他の教科の学習の際にも働くのである。

　言語活動に取り組ませる際に、どんな「言葉」に着目させて、読ませたり書かせたりするのかを、教材研究などを通してしっかり捉えておくことが大切である。

1 国語科における評価の観点

　各教科等における評価は、平成29年告示の学習指導要領に沿った授業づくりにおいても、観点別の目標準拠評価の方式である。学習指導要領に示される各教科等の目標や内容に照らして、子供の学習状況を評価するということであり、評価の在り方としてはこれまでと大きく変わることはない。

　ただし、その学習指導要領そのものが、「知識及び技能」「思考力、判断力、表現力等」「学びに向かう力、人間性等」の資質・能力の3つの柱で、目標や内容が構成されている。そのため、観点別学習状況の評価についても、この3つの柱に基づいた観点で行われることとなる。

　国語科の評価観点も、これまでの5観点から次の3観点へと変更される。

「(国語への) 関心・意欲・態度」 「話す・聞く能力」 「書く能力」 「読む能力」 「(言語についての) 知識・理解 (・技能)」	→ 「知識・技能」 「思考・判断・表現」 「主体的に学習に取り組む態度」

2 「知識・技能」「思考・判断・表現」の評価規準

　国語科の評価観点のうち、「知識・技能」と「思考・判断・表現」については、それぞれ学習指導要領に示されている〔知識及び技能〕と〔思考力、判断力、表現力等〕と対応している。

　例えば、低学年の「話すこと・聞くこと」の領域で、夏休みにあったことを紹介する単元があり、次の2つの指導事項を身に付けることになっていたとする。

> ・音節と文字との関係、アクセントによる語の意味の違いなどに気付くとともに、姿勢や口形、発声や発音に注意して話すこと。　　　　　　　　　　　　　　　〔知識及び技能〕(1)イ
> ・相手に伝わるように、行動したことや経験したことに基づいて、話す事柄の順序を考えること。　　　　　　　　　　　　　　　〔思考力、判断力、表現力等〕A 話すこと・聞くことイ

　この単元の学習評価を考えるには、これらの指導事項が身に付いた状態を示すことが必要である。したがって、評価規準は次のように設定される。

「知識・技能」	姿勢や口形、発声や発音に注意して話している。
「思考・判断・表現」	「話すこと・聞くこと」において、相手に伝わるように、行動したことや経験したことに基づいて、話す事柄の順序を考えている。

　このように、「知識・技能」と「思考・判断・表現」の評価については、単元で扱う指導事項の文末を「〜こと」から「〜している」として置き換えると、評価規準を作成することができる。その際、単元で育成したい資質・能力に照らして、指導事項の文言の一部を用いて評価規準を作成する場合もあることに気を付けたい。また、「思考・判断・表現」の評価を書くにあたっては、例のように、冒頭に「『話すこと・聞くこと』において」といった領域名を明記すること（「書くこと」「読む

こと」も同様）も必要である。

3 「主体的に学習に取り組む態度」の評価規準

　一方で、「主体的に学習に取り組む態度」の評価については、指導事項の文言をそのまま使うということができない。学習指導要領では、「学びに向かう力、人間性等」については教科の目標や学年の目標に示されてはいるが、指導事項としては記載されていないからである。そこで、「主体的に学習に取り組む態度」の評価規準は、それぞれの単元で、育成する資質・能力と言語活動に応じて、次のように作成する必要がある。

　「主体的に学習に取り組む態度」の評価規準は、次の①～④の内容で構成される（〈　〉内は当該内容の学習上の例示）。

①粘り強さ〈積極的に、進んで、粘り強く等〉
②自らの学習の調整〈学習の見通しをもって、学習課題に沿って、今までの学習を生かして等〉
③他の2観点において重点とする内容（特に、粘り強さを発揮してほしい内容）
④当該単元（や題材）の具体的な言語活動（自らの学習の調整が必要となる具体的な言語活動）

　先の低学年の「話すこと・聞くこと」の単元の場合でいえば、この①～④の要素に当てはめてみると、例えば、①は「進んで」、②は「今までの学習を生かして」、③は「相手に伝わるように話す事柄の順序を考え」、④は「夏休みの出来事を紹介している」とすることができる。

　この①～④の文言を、語順などを入れ替えて自然な文とすると、この単元での「主体的に学習に取り組む態度」の評価規準は、

「主体的に学習に取り組む態度」	進んで相手に伝わるように話す事柄の順序を考え、今までの学習を生かして、夏休みの出来事を紹介しようとしている。

と設定することができる。

4 評価の計画を工夫して

　学習指導案を作る際には、「単元の指導計画」などの欄に、単元のどの時間にどのような言語活動を行い、どのような資質・能力の育成をして、どう評価するのかといったことを位置付けていく必要がある。評価規準に示した子供の姿を、単元のどの時間でどのように把握し記録に残すかを、計画段階から考えておかなければならない。

　ただし、毎時間、全員の学習状況を把握して記録していくということは、現実的には難しい。そこで、ABCといった記録に残す評価活動をする場合と、記録には残さないが、子供の学習の様子を捉え指導に生かす評価活動をする場合との、2つの学習評価の在り方を考えるとよい。

　記録に残す評価は、評価規準に示した子供の学習状況を、原則として言語活動のまとまりごとに評価していく。そのため、単元のどのタイミングで、どのような方法で評価するかを、あらかじめ計画しておく必要がある。一方、指導に生かす評価は、毎時間の授業の目標などに照らして、子供の学習の様子をそのつど把握し、日々の指導の工夫につなげていくことがポイントである。

　こうした2つの学習評価の在り方をうまく使い分けながら、子供の学習の様子を捉えられるようにしたい。

板書づくりのポイント

1 縦書き板書の意義

　国語科の板書のポイントの１つは、「縦書き」ということである。教科書も縦書き、ノートも縦書き、板書も縦書きが基本となる。

　また、学習者が小学生であることから、板書が子供たちに与える影響が大きい点も見過ごすことができない。整わない板書、見にくい板書では子供たちもノートが取りにくい。また、子供の字は教師の字の書き方に似てくると言われることもある。

　教師の側では、ICT端末や電子黒板、デジタル教科書を活用し、いわば「書かないで済む板書」の工夫ができるが、子供たちのノートは基本的に手書きである。教師の書く縦書きの板書は、子供たちにとっては縦書きで字を書いたりノートを作ったりするときの、欠かすことのできない手がかりとなる。

　デジタル機器を上手に使いこなしながら、手書きで板書を構成することのよさを再確認したい。

2 板書の構成

　基本的には、黒板の右側から書き始め、授業の展開とともに左向きに書き進め、左端に最後のまとめなどがくるように構成していく。板書は45分の授業を終えたときに、今日はどのような学習に取り組んだのかが、子供たちが一目で分かるように書き進めていくことが原則である。

　黒板の右側　授業の始めに、学習日、単元名や教材名、本時の学習課題などを書く。学習課題は、色チョークで目立つように書く。

　黒板の中央　授業の展開や学習内容に合わせて、レイアウトを工夫しながら書く。上下二段に分けて書いたり、教材文の拡大コピーや写真や挿絵のコピーも貼ったりしながら、原則として左に向かって書き進める。チョークの色を決めておいたり（白色を基本として、課題や大切な用語は赤色で、目立たせたい言葉は黄色で囲むなど）、矢印や囲みなども工夫したりして、視覚的にメリハリのある板書を構成していく。

　黒板の左側　授業も終わりに近付き、まとめを書いたり、今日の学習の大切なところを確認したりする。

3 教具を使って

⑴ 短冊など

　画用紙などを縦長に切ってつなげ、学習課題や大切なポイント、キーワードとなる教材文の一部などを事前に用意しておくことができる。チョークで書かずに短冊を貼ることで、効率的に授業を進めることができる。ただ、子供たちが短冊をノートに書き写すのに時間がかかったりするなど、配慮が必要なこともあることを知っておきたい。

⑵ ミニホワイトボード

　グループで話し合ったことなどを、ミニホワイトボードに短く書かせて黒板に貼っていくと、それらを見ながら、意見を仲間分けをしたり新たな考えを生み出したりすることができる。専用のものでなくても、100円ショップなどに売っている家庭用ホワイトボードの裏に、板磁石を両面テープで貼るなどして作ることもできる。

⑶ 挿絵や写真など

　物語や説明文を読む学習の際に、場面で使われている挿絵をコピーしたり、文章中に出てくる写真や図表を拡大したりして、黒板に貼っていく。物語の場面の展開を確かめたり、文章と図表との関係を考えたりと、いろいろな場面で活用できる。

⑷ ネーム磁石

　クラス全体で話合いをするときなど、子供の発言を教師が短くまとめ、板書していくことが多い。そのとき、板書した意見の上や下に、子供の名前を書いた磁石も一緒に貼っていく。そうすると、誰の意見かが一目で分かる。子供たちも「前に出た○○さんに付け加えだけど……」のように、黒板を見ながら発言をしたり、意見をつなげたりしやすくなる。

4　黒板の左右に

⑴ 単元の学習計画や本時の学習の流れ

　単元の指導計画を子供向けに書き直したものを提示することで、この先、何のためにどのように学習を進めるのかという見通しを、子供たちももつことができる。また、今日の学習が全体の何時間目に当たるのかも、一目で分かる。本時の授業の進め方も、黒板の左右の端や、ミニホワイトボードなどに書いておくこともできる。

⑵ スクリーンや電子黒板

　黒板の上に広げるロール状のスクリーンを使用する場合は、当然その分だけ、板書のスペースが少なくなる。電子黒板などがある場合には、教材文などは拡大してそちらに映し、黒板のほうは学習課題や子供の発言などを書いていくことができる。いずれも、黒板とスクリーン（電子黒板）という２つをどう使い分け、どちらにどのような役割をもたせるかなど、意図的に工夫すると互いをより効果的に使うことができる。

⑶ 教室掲示を工夫して

　教材文を拡大コピーしてそこに書き込んだり、挿絵などをコピーしたりしたものは、その時間の学習の記録として、教室の背面や側面などに掲示していくことができる。前の時間にどんなことを勉強したのか、それらを見ると一目で振り返ることができる。また、いわゆる学習用語などは、そのつど色画用紙などに書いて掲示していくと、学習の中で子供たちが使える言葉が増えてくる。

5　上達に向けて

⑴ 板書計画を考える

　本時の学習指導案を作るときには、板書計画も合わせて考えることが大切である。本時の学習内容や活動の進め方とどう連動しながら、どのように板書を構成していくのかを具体的にイメージすることができる。

⑵ 自分の板書を撮影しておく

　自分の授業を記録に取るのは大変だが、「今日は、よい板書ができた」というときには、板書だけ写真に残しておくとよい。自分の記録になるとともに、印刷して次の授業のときに配れば、前時の学習を振り返る教材として活用することもできる。

⑶ 同僚の板書を参考にする

　最初から板書をうまく構成することは、難しい。誰もが見よう見まねで始め、工夫しながら少しずつ上達していく。校内でできるだけ同僚の授業を見せてもらい、板書の工夫を学ばせてもらうとよい。時間が取れないときも、通りがかりに廊下から黒板を見させてもらうだけでも勉強になる。

1 ICT を活用した国語の授業をつくる

　GIGA スクール構想による 1 人 1 台端末の整備が進み、教室の学習環境は様々に変化している。子供たちの手元にはタブレットなどの ICT 端末があり、教室には大型のモニターやスクリーンが用意されるようになった。また、校内のネットワーク環境も整備されて、かつては学校図書館やパソコンルームで行っていた調べ学習も、教室の自分の席に座ったままでいろいろな情報にアクセスできるようになった。

　一方、子供たちの机の上には、これまでと同じく教科書やノートもあり、前面には黒板もあって様々に活用されている。紙の本やノート、黒板などを使って手で書いたり読んだりする学習と、ICT を活用して情報を集めたり共有したりする学習との、いわば「ハイブリッドな学び」が生まれている。

　それぞれの学習方法のメリットを生かし、学年の発達段階や学習の内容に合わせて、活用の仕方を工夫していきたい。

2 国語の授業での ICT 活用例

　ICT の活用によって、国語の授業でも次のような学習活動が可能になっている。本書でも、単元ごとに様々な活用例を示している。

共有する

　文章を読んだ意見や感想、また書いた作文などをアップロードして、その場で互いに読み合うことができる。また、付箋機能などを使って、考えを整理したり、意見を視覚化して共有しながら話合いを行ったりすることもできる。ICT を活用した共有や交流は、国語の授業の様々な場面で工夫することができる。

書く

　書いたり消したり直したりすることがしやすい点が、原稿用紙に書くこととの違いである。字を書くことへの抵抗感を減らす点もメリットであり、音声入力からまずテキスト化して、それを推敲しながら文章を作っていくという支援が可能になる。同時に、思考の速度に入力の速度が追いつかないと、かえって書きにくいという面もあり、また国語科は縦書きが多いので、その点のカスタマイズが必要な場合もある。

発表資料を作る

　プレゼンテーションソフトを使って、調べたことなどをスライドにまとめることができる。写真や図表などの視覚資料も活用しやすく、文章と視覚資料を組み合わせたまとめを作りやすいというメリットがある。また、調べる活動もインターネットを活用する他、アンケートフォームを使うことでクラス内や学年内の様々な調査活動が簡単に行えるようになり、それらの調査結果を生かした意見文や発表資料を作ることが可能になった。

録音・録画する

　話合いの単元などでは、グループで話し合っている様子を自分たちで録画し、それを見返しながら学習を進めることができる。また、音読・朗読の学習でも、自分の声を録音しそれを聞きながら、読み方の工夫へとつなげることができ、家庭学習でも活用することができる。一方、教材作成の面からも利便性が高い。例えば、教師がよい話合いの例とそうでない例を演じた動画教材を作って授業中に

効果的に使うなど、様々な工夫が可能である。

| 蓄積する |

　自分の学習履歴を残したり、見返すことがしやすくなったりする点がメリットである。例えば、毎時の学習感想を書き残していくことで、単元の中の自分の考えの変化に気付きやすくなる。あるいは書いた作文を蓄積することで、以前の「書くこと」の単元でどのような書き方を工夫していたかをすぐに調べることができる。それらによって、自分の学びの成長を実感したり、前に学習したことを今の学習に生かしたりしやすくなる。

3　ICT 活用の留意点

⑴　指導事項に照らして活用する

　例えば、「読むこと」には「共有」の指導事項がある。先に述べたように、ICT の活用によって、感想や意見はその場で共有できるようになった。一方で、そうした活動を行えば、それで「共有」の事項を指導したということにはならない点に気を付ける必要がある。

　高学年では「文章を読んでまとめた意見や感想を共有し、自分の考えを広げること」（「読むこと」カ）とあるので、「自分の考えを広げること」につながるように意見や感想を共有させるにはどうすればよいか、そうした視点からの指導の工夫が欠かせない。

⑵　学びの土俵から思考の土俵へ

　ICT は子供の学習意欲を高める側面がある。同時に、例えば、調べたことをプレゼンテーションソフトを使ってスライドにまとめる際に、字体やレイアウトのほうに気が向いてしまい、「元の資料をきちんと要約できているか」「使う図表は効果的か」など、国語科の学習として大切な思考がおろそかになりやすい、そうした一面もある。

　ICT の活用で「学びの土俵」にのった子供たちが、国語科としての学習が深められる「思考の土俵」にのって、様々な言語活動に取り組めるような指導の工夫が必要である。

⑶　「参照する力」を育てる

　ICT を活用することで、クラス内で意見や感想、作品が瞬時に共有できるようになり、例えば、書き方に困っているときには、教師に助言を求めるだけでなく、友達の文章を見て書き方のコツを学ぶことも可能になった。

　その際に大切なのは、どのように「参照するか」である。見ているだけは自分の文章に生かせないし、まねをするだけでは学習にならない。自分の周りにある情報をどのように取り込んで、自分の学習に生かすか。そうした力も意識して育てることで、子供自身が ICT 活用の幅を広げることにもつながっていく。

⑷　子供が選択できるように

　ICT を活用した様々な学習活動を体験することで、子供たちの中に多様な学習方法が蓄積されていく。これまでのノートやワークシートを使った学習に加えて、新たな「学びの引き出し」が増えていくということである。その結果、それぞれの学習方法の特性を生かして、どのように学んでいくのかを子供たちが選択できるようになる。例えば、文章を書くときにも、原稿用紙に手で書く、ICT 端末を使ってキーボードで入力する、あるいは下書きは画面上の操作で推敲を繰り返し、最後は手書きで残すなど、いろいろな組み合わせが可能になった。

　「今日は、こう使うよ」と教師から指示するだけでなく、「これまで ICT をどんなふうに使ってきた？」「今回の単元ではどう使っていくとよいだろうね？」など、子供たちにも方法を問いかけ、学び方を選択しながら活用していくことも大切になってくる。

教科の目標

	言葉による見方・考え方を働かせ、言語活動を通して、国語で正確に理解し適切に表現する資質・能力を次のとおり育成することを目指す。
知識及び技能	(1) 日常生活に必要な国語について、その特質を理解し適切に使うことができるようにする。
思考力、判断力、表現力等	(2) 日常生活における人との関わりの中で伝え合う力を高め、思考力や想像力を養う。
学びに向かう力、人間性等	(3) 言葉がもつよさを認識するとともに、言語感覚を養い、国語の大切さを自覚し、国語を尊重してその能力の向上を図る態度を養う。

学年の目標

知識及び技能	(1) 日常生活に必要な国語の知識や技能を身に付けるとともに、我が国の言語文化に親しんだり理解したりすることができるようにする。
思考力、判断力、表現力等	(2) 筋道立てて考える力や豊かに感じたり想像したりする力を養い、日常生活における人との関わりの中で伝え合う力を高め、自分の思いや考えを広げることができるようにする。
学びに向かう力、人間性等	(3) 言葉がもつよさを認識するとともに、進んで読書をし、国語の大切さを自覚して、思いや考えを伝え合おうとする態度を養う。

〔知識及び技能〕
(1) 言葉の特徴や使い方に関する事項

(1) 言葉の特徴や使い方に関する次の事項を身に付けることができるよう指導する。		
言葉の働き	ア	言葉には、相手とのつながりをつくる働きがあることに気付くこと。
話し言葉と書き言葉	イ ウ	話し言葉と書き言葉との違いに気付くこと。 文や文章の中で漢字と仮名を適切に使い分けるとともに、送り仮名や仮名遣いに注意して正しく書くこと。
漢字	エ	第5学年及び第6学年の各学年においては、学年別漢字配当表*の当該学年までに配当されている漢字を読むこと。また、当該学年の前の学年までに配当されている漢字を書き、文や文章の中で使うとともに、当該学年に配当されている漢字を漸次書き、文や文章の中で使うこと。
語彙	オ	思考に関わる語句の量を増し、話や文章の中で使うとともに、語句と語句との関係、語句の構成や変化について理解し、語彙を豊かにすること。また、語感や言葉の使い方に対する感覚を意識して、語や語句を使うこと。
文や文章	カ	文の中での語句の係り方や語順、文と文との接続の関係、話や文章の構成や展開、話や文章の種類とその特徴について理解すること。
言葉遣い	キ	日常よく使われる敬語を理解し使い慣れること。
表現の技法	ク	比喩や反復などの表現の工夫に気付くこと。
音読、朗読	ケ	文章を音読したり朗読したりすること。

＊…学年別漢字配当表は、『小学校学習指導要領（平成29年告示）』（文部科学省）を参照のこと

(2) 情報の扱い方に関する事項

(2) 話や文章に含まれている情報の扱い方に関する次の事項を身に付けることができるよう指導する。		
情報と情報との関係	ア	原因と結果など情報と情報との関係について理解すること。
情報の整理	イ	情報と情報との関係付けの仕方、図などによる語句と語句との関係の表し方を理解し使うこと。

(3) 我が国の言語文化に関する事項

(3) 我が国の言語文化に関する次の事項を身に付けることができるよう指導する。		
伝統的な言語文化	ア イ	親しみやすい古文や漢文、近代以降の文語調の文章を音読するなどして、言葉の響きやリズムに親しむこと。 古典について解説した文章を読んだり作品の内容の大体を知ったりすることを通して、昔の人のものの見方や感じ方を知ること。
言葉の由来や変化	ウ	語句の由来などに関心をもつとともに、時間の経過による言葉の変化や世代による言葉の違いに気付き、共通語と方言との違いを理解すること。また、仮名及び漢字の由来、特質などについて理解すること。
書写	エ	書写に関する次の事項を理解し使うこと。 ㋐用紙全体との関係に注意して、文字の大きさや配列などを決めるとともに、書く速さを意識して書くこと。 ㋑毛筆を使用して、穂先の動きと点画のつながりを意識して書くこと。 ㋒目的に応じて使用する筆記具を選び、その特徴を生かして書くこと。
読書	オ	日常的に読書に親しみ、読書が、自分の考えを広げることに役立つことに気付くこと。

〔思考力、判断力、表現力等〕
A　話すこと・聞くこと

	(1) 話すこと・聞くことに関する次の事項を身に付けることができるよう指導する。

話すこと	話題の設定	ア　目的や意図に応じて、日常生活の中から話題を決め、集めた材料を分類したり関係付けたりして、伝え合う内容を検討すること。
	情報の収集	
	内容の検討	
	構成の検討	イ　話の内容が明確になるように、事実と感想、意見とを区別するなど、話の構成を考えること。
	考えの形成	
	表現	ウ　資料を活用するなどして、自分の考えが伝わるように表現を工夫すること。
	共有	
聞くこと	話題の設定	【再掲】ア　目的や意図に応じて、日常生活の中から話題を決め、集めた材料を分類したり関係付けたりして、伝え合う内容を検討すること。
	情報の収集	
	構造と内容の把握	エ　話し手の目的や自分が聞こうとする意図に応じて、話の内容を捉え、話し手の考えと比較しながら、自分の考えをまとめること。
	精査・解釈	
	考えの形成	
	共有	
話し合うこと	話題の設定	【再掲】ア　目的や意図に応じて、日常生活の中から話題を決め、集めた材料を分類したり関係付けたりして、伝え合う内容を検討すること。
	情報の収集	
	内容の検討	
	話合いの進め方の検討	オ　互いの立場や意図を明確にしながら計画的に話し合い、考えを広げたりまとめたりすること。
	考えの形成	
	共有	

(2)　(1)に示す事項については、例えば、次のような言語活動を通して指導するものとする。

言語活動例	ア　意見や提案など自分の考えを話したり、それらを聞いたりする活動。 イ　インタビューなどをして必要な情報を集めたり、それらを発表したりする活動。 ウ　それぞれの立場から考えを伝えるなどして話し合う活動。

B　書くこと

(1)　書くことに関する次の事項を身に付けることができるよう指導する。

題材の設定	ア　目的や意図に応じて、感じたことや考えたことなどから書くことを選び、集めた材料を分類したり関係付けたりして、伝えたいことを明確にすること。
情報の収集	
内容の検討	
構成の検討	イ　筋道の通った文章となるように、文章全体の構成や展開を考えること。
考えの形成	ウ　目的や意図に応じて簡単に書いたり詳しく書いたりするとともに、事実と感想、意見とを区別して書いたりするなど、自分の考えが伝わるように書き表し方を工夫すること。
記述	エ　引用したり、図表やグラフなどを用いたりして、自分の考えが伝わるように書き表し方を工夫すること。
推敲	オ　文章全体の構成や書き表し方などに着目して、文や文章を整えること。
共有	カ　文章全体の構成や展開が明確になっているかなど、文章に対する感想や意見を伝え合い、自分の文章のよいところを見付けること。

(2)　(1)に示す事項については、例えば、次のような言語活動を通して指導するものとする。

言語活動例	ア　事象を説明したり意見を述べたりするなど、考えたことや伝えたいことを書く活動。 イ　短歌や俳句をつくるなど、感じたことや想像したことを書く活動。 ウ　事実や経験を基に、感じたり考えたりしたことや自分にとっての意味について文章に書く活動。

C　読むこと

(1)　読むことに関する次の事項を身に付けることができるよう指導する。

構造と内容の把握	ア　事実と感想、意見などとの関係を叙述を基に押さえ、文章全体の構成を捉えて要旨を把握すること。 イ　登場人物の相互関係や心情などについて、描写を基に捉えること。
精査・解釈	ウ　目的に応じて、文章と図表などを結び付けるなどして必要な情報を見付けたり、論の進め方について考えたりすること。 エ　人物像や物語などの全体像を具体的に想像したり、表現の効果を考えたりすること。
考えの形成	オ　文章を読んで理解したことに基づいて、自分の考えをまとめること。
共有	カ　文章を読んでまとめた意見や感想を共有し、自分の考えを広げること。

(2)　(1)に示す事項については、例えば、次のような言語活動を通して指導するものとする。

言語活動例	ア　説明や解説などの文章を比較するなどして読み、分かったことや考えたことを、話し合ったり文章にまとめたりする活動。 イ　詩や物語、伝記などを読み、内容を説明したり、自分の生き方などについて考えたことを伝え合ったりする活動。 ウ　学校図書館などを利用し、複数の本や新聞などを活用して、調べたり考えたりしたことを報告する活動。

1 第 6 学年の国語力の特色

　第 6 学年は、小学校での学びの完成期とも言える学年である。〔知識及び技能〕〔思考力、判断力、表現力等〕の確かな育成とともに、これまでの学びで培って生きた〔学びに向かう力、人間性等〕の態度の育成も、中学校への繋がりを見据えて、授業をデザインしていく必要がある。

　〔知識及び技能〕に関する目標は全学年共通である。第 6 学年では、それぞれの子供において、個人差が顕著になってくることを念頭に置きたい。活動の中を通して、これまで学んだ知識・技能を子供がいかんなく発揮できるように、個への手立てが不可欠となってくる。授業を考える際にも、全体の流れはもちろんのこと、個に応じた手立ても準備する必要があるだろう。

　〔思考力、判断力、表現力等〕に関する目標では、「自分の思いや考え」を「広げることができるようにすること」に重点を置くよう示されている。個々に閉じた学習ではなく、対話的な活動を通して、自分の抱いている考えに他の視点からの意見を加えて、さらに考えを広げていけるようにしたい。自分一人では気付くことのできなかった新しい考えや思いの境地に至る過程は、より深い思考が可能となる高学年の子供だからこそ得られる学びのおもしろさとも言える。

　〔学びに向かう力、人間性等〕に関する目標では、「言葉がもつよさ」を「認識すること」に、加えて「読書」については「進んで読書をすること」に重点を置くよう示されている。これらは他の力の育成を支えるものであり、相互に作用しながら育まれるものである。学習活動のまとめに自分の学びを振り返ることで、言葉についての捉えが更新されたり、言葉を通して自分に何がもたらされたのかを自覚したりすることを心掛けたい。

2 第 6 学年の学習指導内容

〔知識及び技能〕

　全学年に共通している目標は、「日常生活に必要な国語の知識や技能を身に付けるとともに、我が国の言語文化に親しんだり理解したりすることができるようにする」である。

　学習指導要領では、「⑴言葉の特徴や使い方に関する事項」「⑵情報の扱い方に関する事項」「⑶我が国の言語文化に関する事項」から構成されている。「⑵情報の扱い方に関する事項」は、今回の改訂で新設されたものである。これらを指導する際には、〔思考力、判断力、表現力等〕で構成されているものだけを取り出して別個に指導したり、先に〔知識及び技能〕を身に付けさせたりするというように順序性をもたせて扱うものではない。つまり、目的なく練習的な活動のみに終始したり、知識や技能を覚えさせた後に本来の活動に入ったりするといった授業を推奨しているのではないということである。学習者が、単元の中心となる言語活動を通して〔知識及び技能〕を習得していくように、授業をデザインすることが望ましい。第 6 学年の教科書では、基本的に〔知識及び技能〕を指導の中心に据えた教材であっても、〔思考力、判断力、表現力等〕における「Ａ　話すこと・聞くこと」「Ｂ　書くこと」「Ｃ　読むこと」の指導事項に関連させて構成しているのは、そうした考えに基づくものである。

　「⑴言葉の特徴や使い方に関する事項」は、言葉の特徴や使い方に関する内容を指導する事項である。小学校の最終段階である第 6 学年では、身に付けたことを実際に使ったり、使い慣れていったりすることが求められている。国語の授業に限らず、実生活における様々な場面で意識して使っていけるように指導することが不可欠である。1 年間の学校行事や特別活動との関連を考慮しながら、

年間を通して経験を積み重ねながら、使える知識・技能にしていくように心掛けたい。

「⑵情報の扱い方に関する事項」では、話や文章に含まれている情報を取り出して整理したり、その関係を捉えたりすることを指導する。第6学年では、原因と結果の因果関係を明確にすることや、複数の情報を関係付けたり、図などで関係を表したりすることが示されている。我々に情報を伝えるためのツールは日々増え続けている。それぞれの特徴を踏まえるとともに、目的に合わせて使い分けていくことができるように指導することが大切である。

「⑶我が国の言語文化に関する事項」は、我が国の言語文化に関する事項である。昔の人のものの見方や感じ方について知ったり、言葉が時代を経てどのように変化してきたのかを知ったりするようにする。そのためには言語文化に触れたり親しんだりするだけでなく、対象について俯瞰した位置からの考察を忘れないようにしたい。時代背景や言語文化の背景にある人の思考に目を向けさせるように授業をデザインしたい。

今回の改訂では、読書も〔知識及び技能〕に位置付けられている。自分にとっての読書行為をメタに捉えること、すなわち読書の意義や効用について捉え、読書によって多様な視点から物事を考えるようになり、自分の考えが広がっていくという実感をもたせたい。学習活動の中で、自分の読書経験を振り返り、そこから自分にもたらされたものは何かを考えることが大切と言えるだろう。

〔思考力、判断力、表現力等〕

第5学年及び第6学年の目標は、「筋道立てて考える力や豊かに感じたり想像したりする力を養い、日常生活における人との関わりの中で伝え合う力を高め、自分の思いや考えを広げることができるようにする」である。したがって、「話すこと・聞くこと」「書くこと」「読むこと」において、筋道を立てて考える力を育成すること、その考えや思いを広げることを重点的に指導していくことになる。そして、これらの指導事項は、言語活動を通して指導していくことになる。

① A 話すこと・聞くこと

高学年の「話すこと」では、「話題の設定、情報の収集、内容の検討」において、「目的や意図に応じて、日常生活の中から話題を決め、集めた材料を分類したり関係付けたりして、伝え合う内容を検討すること」、「構成の検討、考えの形成」においては、「事実と感想、意見とを区別するなど、話の構成を考えること」、「表現、共有」においては、「自分の考えが伝わるように表現を工夫すること」が示されている。構成や表現については、「B　書くこと」「C　読むこと」の領域で学んだ内容とも関連させながら、指導していくとよい。

「聞くこと」では、話し手や自分の「意図に応じて」内容を捉え、双方の考えを比較しながら、「自分の考えをまとめる」ことが示されている。単元全体の目的と関連させながら、この時間は何のために聞くのか、その目的を聞き手が明確にもつことが重要である。目的によって特に何を中心に聞き取るのか、聞き手の構えが変わってくる。例えば教科書にある『聞いて、考えを深めよう』では、テーマについての自分の考えを深めるという目的のために、どのような聞き方をすればよいかが示されている。話し合いの活動の中で聞く力も育んでいくようにするとよい。

「話し合うこと」では、「互いの立場や意図を明確にしながら計画的に」話し合うことが求められる。そのため、話し合いの目的や方向性を事前に確認しながら、必要な準備を行い、話題についてどのような考えをもっているのかを共有しておくようにしたい。

② B 書くこと

高学年の「書くこと」では、「話題の設定、情報の収集、内容の検討」において、「目的や意図に応じて、感じたことや考えたことなど」から書きたいことを選び、「集めた材料を分類したり関係付け

たりして」何を伝えたいのかを明確にすることが示されている。問題意識に基づいて自分の考えを書くための準備を丁寧に行う必要がある。

　「構成の検討」においては、首尾一貫した展開になるように「筋道の通った文章」とすることが示され、そのために「文章全体の構成や展開を考える」ことが求められている。「序論―本論―結論」という構成が一般的であり、それを基本として段落の内容を考えたり書き方を工夫したりする。「読むこと」の説明的な文章で学んだ内容とも関連させて指導するとよいだろう。「記述」に入る前の前段階で、自分の考えは何か、それをどのように構成するのか、といった見通しを具体的にもてているかどうかが、この先の「記述」の過程に大きく影響することは言うまでもない。

　「考えの形成、記述」においては「目的や意図に応じて簡単に書いたり詳しく書いたりする」ことや、「事実と感想、意見とを区別して書いたりする」ことが示されている。ここでは、「図表やグラフ」等の「引用」についても触れられており、どのように出典を明記するのが適切かも必ず指導する。インターネットや SNS の普及によって重要度を増している項目であるので、小学校段階できちんと指導しておくことが重要であろう。著作権を尊重する態度を育むことも教育上忘れてはならないことである。

　「推敲」においては、「文章全体の構成や書き表し方などに着目して」書き記した文章を読み返し、文章を整えることが示され、「共有」においても、「文章全体の構成や展開が明確になっているか」等の観点から、自分の文章の内容や表現のよさを見いだしていくことが示されている。「目的や意図」に応じた「文章全体」の一貫性が重視されているのであり、高学年における「書くこと」の指導事項の最大の特徴と考えてよいだろう。

　これらの指導事項は、学習過程に沿って構成されている。言わば一連の学習のプロセスが示されているわけで、単元によって軽重を付けたり重点化したりしながらも、どれかが独立して取り扱われるということはない。「書くこと」の単元の基本的な授業の流れを形成していると言えよう。

③ C 読むこと

　今回の改訂では、「読むこと」の学習過程も明確に示され、その中に指導事項が位置付けられている。言わば「読むこと」の授業の枠組み、「読むこと」では何を指導するのか、学習者は何ができるようになることが求められているのか、よりはっきり示されたと言えるだろう。

　高学年の「読むこと」では、「構造と内容の把握」において、説明的な文章では、「文章全体の構成を捉えて要旨を把握すること」が、文学的な文章では、「登場人物の相互関係や心情など」を捉えることが示されている。文章全体の内容や特徴について、その概要をつかむことが、より深い学びへの土台になる。「精査・解釈」では、説明的な文章では、「必要な情報を見付けたり、論の進め方について考えたりすること」が、文学的な文章では、「人物像や物語などの全体像」を具体的に想像したり、「表現の効果」を考えたりすることが示されている。筆者がどのように情報を整理して意見をまとめているのかを考えたり、読者としてこの物語をどのように解釈したのか、具体的な叙述に基づいて考えたりすることが求められる。「考えの形成」では、「自分の考えをまとめること」が、また「共有」では「自分の考えを広げること」が示されている。友達との対話を通して「自分の考えを広げる」ためには、その前段階として自分の考えを明確にもっている必要がある。文章から自分が見いだしたことは何か、考えたことは何かをまとめた上で、考えの交流をするようにしたい。もちろん無目的な交流では、学習者に考えの深まりや広がりは期待することはできない。何について考えるのか、学習問題を明確につかむことが不可欠である。

　これらの学習過程並びに指導事項は順番に沿って取り扱うものではない。単元のねらいや教材によって、行きつ戻りつしながら考えを広げたり深めたりできるように、学習計画については授業者の創意工夫が期待されるところである。

3 第6学年における国語科の学習指導の工夫

　この学習はどこに向かっていくのか、どのような方法で学びを進めていくのかをしっかりとつかんでいなければ、よりよい学びを展開することはできない。「話すこと・聞くこと」「書くこと」であれば、目的意識と相手意識は欠かせないものであり、「読むこと」であれば、学習問題の設定は不可欠といえる。学びの見通しを共有するために、活動に入る前の丁寧な導入を心掛け、また、既習事項であっても必要に応じて確認をするなど、子供の実態を踏まえた手立てを工夫するようにしたい。

①話すこと・聞くことにおける授業の工夫について

【話型の活用】何をどのように話せばよいのか、まずは目的に応じて基本的な話型を身に付けることが必要である。その活動に必要な話型をいくつか取り上げ、子供に示すことが一般的であるが、その話型を使うこと自体が目的になってしまうこともある。基本的な話型にとどまらず、話し合いの中で子供が使った効果的な話し方を教師が取り上げたり子供に気付かせたりして、学級の学びの履歴に残していくようにしたい。具体的には基本的な話型に随時付け足していくような提示資料を作り、必要な時に子供が自分から目を向けることができるようにするとよいだろう。

【自分の学びを捉える方法】音声言語は発せられたとたんに消えてしまうものである。そのため、自分あるいは自分たちの学びがどうだったのか、客観的に捉えることが難しい。相互評価の場を設けて友達同士で伝え合うことや、視聴覚機器を使って話し合いを記録し、聞き直すことで自分の学びの成果を見極めるようにしたい。音声を文字言語に起こして、全体を俯瞰して捉えるのも効果的である。

【生かす場の見通しをもつ】学んだことを積極的に発揮できる場として、特別活動や総合的な学習の時間等の活動と連携していくようにする。学んだことはどんなときに生かすことができそうかということについて振り返りの中で話題にすることで、生かす場の見通しをもつ。自ら意識して役立てようとする学習者の姿が期待できる。

②書くことにおける授業の工夫について

【学習モデルの提示】「書くこと」の単元のゴールは、必ず何らかの文や文章を書くことである。そのためゴールのイメージを明確にもたせるためにも、学習モデルを早い段階で子供に提示したい。教科書では、必ず完成モデルを例示しているので、それを丁寧に共有することで、目的、内容、構成や表現の特徴、文量などをつかむことができる。単元のゴールに向かって何をどうすればよいのか学習者に単元の全体像が見えてくる。

【学習計画の提示】ゴールまでの過程を確認しながら学習を進めるようにしたい。そのためにも、学習計画を提示して、全体で共有するようにしたい。基本的に授業は、教室にいる全員が同じように段階を踏んで進めていくことが求められるが、書く活動はその進み具合に個人差が出やすい活動である。自分は今どの段階にいるのかを把握することで、自分の学びを調整できるようにしたい。「もう一度、文章構成を練り直したい」「よりよい表現はないか、もう少し考えたい」等、主体的な学習者であればあるほど、必要に応じて前の過程に立ち戻ったり、計画を見直したりすることがある。そのためにも学習過程を常に意識しながら、学習計画に幅をもたせておくことも必要であろう。

【交流活動】でき上がった作品の交流に限らず、学習過程の様々な段階で意図的に考えの交流ができる場を設けたい。例えば「構成の検討」において、内容は筋が通っているか。「考えの形成、記述」

においては表現の工夫は適切かどうか等、自分の目ではなかなか判断することが難しい。学習過程のそれぞれの段階で、他者の目を通して意見をもらい、それを踏まえて手を加えていくようにしたい。

③読むことにおける授業の工夫について

【ノートの活用】 ワークシートで学習を進めることも大切にしつつ、自分で自分の学習ノートを作ることも大事にしたい。文学的な文章であれば心情曲線を自分のノートに自ら作ったり、説明的な文章であれば内容を整理して表にまとめてみたり、ワークシートを使わなくても既習事項を生かしたノートを自分で作ることができるようにしたい。ノートを作っていく過程は、自分の考えを明確にしていく過程でもある。

【学習者の問いから学習問題を立てる】 この単元ではどんなことを追究するのか、主体的な学習を実現するためにも、学習者の問いや疑問から学習問題を立てて授業を進めたい。一般的には初読の感想を共有し、それを皆で整理していく中で、学習問題が形成される。「皆で考えたいことはどんなことか」という視点をもって学習問題を検討するとよいだろう。その際留意しなくてはいけないことは、ある部分だけに目を向けた一問一答のような解決にならないようにすることである。例えば文学的な文章においては、学習問題の追究において、物語の内容や登場人物の心情の変化、題名、表現等、様々な要素が関連することが多い。それぞれの要素を学習者が関連付けながら問題解決できるように、問題解決の見通しをもつことを大事にしたい。

【交流活動】 考えを深めていくためには、自分自身の考えをはっきりもつことが欠かせない。その上で、互いの考えをどのように交流していくのか、「読むこと」においても様々な方法がある。教師がファシリテーターとなって学級全体で学習問題についての考えを交流する場合もあれば、小グループに分かれて話し合い、グループを組み替えて続けていくという方法もある。子供の実態に合わせた交流を設定するようにしたい。前者の場合は、関連し合う意見を結び付けたり、観点ごとに整理したりするなど、板書で話し合いを整理することが大切である。後者の場合は、考えが深まるようにグループ構成を十分配慮することを忘れないようにしたい。

④語彙指導や読書指導などにおける授業の工夫について

【活動を通して新しい言葉に出合う】 言語活動を通して、様々な言葉に意識的に目を向けるようにしたい。例えば、調べたことを書く活動の中では、伝聞「〜そうだ」「〜とだそうです」といった文末表現や、具体例を示す「例えば〜」「具体的には〜」といった表現を実際に使うことになる。また、話し合いの活動では、思考を整理するために「〜ということは、つまり……」「まとめると〜」等の言葉を使うことになる。活動をする上で出合った言葉を使用場面に応じて整理し蓄積していくことで、日常化を図るようにする。言葉のノートを作って、子供が個々に溜めていくようにしたり、教室内に言葉コーナーをつくって残していったりしてもよい。

【授業と関連させた並行読書】 司書教諭や近隣の公立図書館と連携して、単元における関連書籍を集めて、いつでも子供が手に取れるように学習環境を整えておきたい。単元の構成によっては、授業に対して関連図書を読む活動を設定し、中心となる教材と比較検討するなどの活動も考えられる。

【本の紹介】 高学年の子供は、友達から薦められた本を手に取る姿をよく見せる。そこで、朝の常時活動として、子供が順番に本の紹介をしたり、教師から本の紹介をしたりする。物語に偏ることも多いので、様々なジャンルの本に目を向けるよう、意図的に紹介する本にテーマを設けるとよい。

2

第6学年の授業展開

言葉の準備運動

つないで、つないで、一つのお話 （1時間扱い）

単元の目標

知識及び技能	・言葉には、相手とのつながりをつくる働きがあることに気付くことができる。（(1)ア）
思考力、判断力、表現力等	・話し手の目的や自分が聞こうとする意図に応じて、話の内容を捉え、話し手の考えと比較しながら、自分の考えをまとめることができる。（A エ）
学びに向かう力、人間性等	・言葉がもつよさを認識するとともに、進んで読書をし、国語の大切さを自覚して思いや考えを伝え合おうとする。

評価規準

知識・技能	❶「つながるお話」をつくり、言葉には、相手とのつながりをつくる働きがあることに気付いている。（〔知識及び技能〕(1)ア）。
思考・判断・表現	❷「話すこと・聞くこと」において、自分が聞こうとする意図に応じて、話の内容を捉え、自分の考えをまとめている。（〔思考力、判断力、表現力等〕A エ）
主体的に学習に取り組む態度	❸進んで、前後のつながりを考えながら相手の話を聞き、今までの学習を生かして、「つながるお話づくり」に取り組もうとしている。

単元の流れ

次	時	主な学習活動	評価
一	1	「つないで、つないで、一つのお話」の活動の目的とつくり方を知る。 5〜6人組をつくって、「つながるお話」づくりに取り組み、活動を振り返って繰り返し行う。 できたお話を学級全体へ発表して、感想を伝え合う。	❶ ❷ ❸

授業づくりのポイント

〈単元で育てたい資質・能力〉

　本単元のねらいは、言葉の準備運動として、話し手の話の内容を捉え、話し手の考えとつながるように、自分の考えをまとめ、一文をつくって話すことである。新年度が始まって新しい人間関係の中で、話の構成や言葉の使い方などの既習事項を振り返り、楽しみながら国語の学習をスタートさせたい。新しい仲間と「言葉」を通して関わり合い、お話をつくる中で、言葉のもつ「相手とのつながりをつくる働き」に気付かせられるように、仲間の一文の意図を理解して、より適切な一文を自分で考えてつなげられたか、振り返りを十分に行えるようにしたい。

[具体例]
○本単元に必要な既習事項として、「相手の話に関心をもって聞くこと」「聞きたいことを落とさないように集中して聞くこと」「話の構成として『はじめ・なか・おわり』があること」がある。
○本単元の振り返りで、「友達とつくってどう感じましたか」と仲間と活動した効果について聞く。「友達とつくると、意外な話の展開になって面白かった」等、「つながる話」づくりによって、仲間ともつながり、学習が深まったことを押さえる。

〈教材・題材の特徴〉
　最初の一文と最後の一文だけが決まっており、その間を子供の創作でお話づくりをする活動である。自分の一文を付け足しながらつくるお話になるため、自分の一文だけでなく、それまでの登場人物や話の流れを理解していないとうまく話をつなげることができなくなってしまう。お話をつくることは、子供にとって楽しい活動であるが、それまでの読書経験や学習経験による能力の差が大きく影響する活動でもある。グループでお話をつくることによって、その能力差を補うとともに、他者の考える発想の面白さに気付き、友達の考えのよさに気付くことができる教材である。

[具体例]
○「今日は運動会です。」→「たろうさんは徒競走で転んでしまいました。」→ ×「たろうさんは元気よく走り始めました。」（順序がつながらない）
○支援を要する子供への支援例
　・はじめの一文か最後の一文の担当にして、１回目はお話のつくり方に慣れさせる。
　・グループの一文をメモして示せるホワイトボードを用意する。

〈ICT の効果的な活用〉
記録：ICT 端末の録画機能を用いて、話をつないでいる様子を記録する。一つのお話が完成したら自分たちの活動を動画を見て振り返り、子供自身で活動を工夫し、より主体的な活動になるようにする。グループは固定したほうが互いの能力や役割を理解するようになり、活動がより深まる。学級全体に発表するときは、作成過程でのエピソードや自分たちのお話の評価を伝え、動画を見ながら聞く側の感想を聞くことで、「言葉」による「相手とのつながり」を意識できるようにする。

[具体例]
○振り返りの発問の例
　（聞き手側へ）「お話の内容はどうでしたか」
　（話し手側へ）「友達とお話をつくって、どう感じましたか」「友達とつくっていて、面白いと感じたところはありましたか」「次にこうしてみたいと思うところはありますか」

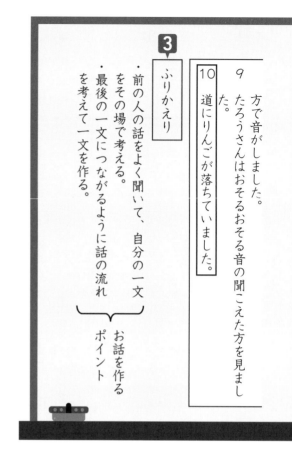

つないで、つないで、一つのお話 1/1

本時の目標

・友達と楽しみながら、「つながるお話」づくりをして、相手とのつながりをつくる言葉の働きに気付くことができる。

本時の主な評価

❶「つながるお話」をつくり、言葉には、相手とのつながりをつくる働きがあることに気付いている。【知・技】

❷「つながるお話」の内容を捉え、話し手の考えとつながるように自分の考えをまとめ、一文をつくっている。【思・判・表】

❸前後のつながりを考えながら、相手の話を聞き、今までの学習を生かしてお話をつくろうとしている。【態度】

資料等の準備

・「つながるお話」の例 ⊥ 01-01
・振り返りカード ⊥ 01-02

授業の流れ ▷▷▷

1 ルールを確認し、学習の見通しをもつ 〈10分〉

T　言葉の学習の準備運動として「つながるお話」づくりをしましょう。

○はじめにルールとして、つながるお話のつくり方を確認する。

○はじめの一文と終わりの一文だけ提示して、どのようにつながりそうか予想する。

・全くつながりがなさそうで分からない。

・とにかく、はじめの文につながりそうな一文をつくってみようかな。

○相手の話を興味をもって聞き、前の文とつながる一文を考えることを確認する。また、自分の順番を考えて話の「はじめ」「なか」「おわり」を意識してつくるようにする。

2 グループで一文ずつお話をつないでいくことを楽しむ 〈25分〉

T　グループで「つながるお話」をつくって楽しみましょう。

○はじめは、「つながるお話」の例を一つのグループに与えてモデルの活動をさせ、活動の見通しをもたせる。その後、グループでお話づくりをする。

○支援を要する子供に対しては、最初の活動ではじめの文や最後の文を担当し、見通しをもって、安心して学習ができるようにする。

ICT 端末の活用ポイント

録画機能を用いて様子を録画し、お話が一つできたら動画を見ながら振り返り、より楽しめる工夫を考えさせる。最初と最後の一文を入れ替えたり、自由に考えたりすることもよいことを伝え、主体的に活動を継続できるようにする。

つないで、つないで、一つのお話

1

「つながるお話」を作って楽しもう。

「つながるお話」の作り方

1 五〜六人のグループで、一文ずつ言葉をつないで、お話を作る。

2 最初の一文と最後の一文は決まった言葉を言う。

スタート　今日は運動会です。

ゴール　道にりんごが落ちていました。

2

つながるお話の例

1 今日は運動会です。

2 たろうさんは上手にダンスがおどれるか心配でした。

3 たろうさんは朝起きてすぐに、ベッドの横でダンスの練習をしました。

4 たろうさんのお母さんは、運動会のお弁当を作っていました。

5 たろうさんのお気に入りのデザートはりんごでした。

6 ダンスの本番では、緊張したけれど、上手に踊ることができました。

7 お昼になって、待ちに待ったお弁当の時間になりました。

8 たろうさんはお弁当をもって校庭を走ると、背中の

---

3 学級全体でお話を共有し、感想を伝え合う 〈10分〉

T　今日の活動を振り返りましょう。できたお話を発表しましょう。

○録画された動画の発表を聞き、「話の内容」について聞き手に感想を聞く。それと同時に、話し手のグループにもお話づくりの「おもしろさ」や、「次にしてみたいこと」などを聞き、活動の振り返りをする。

・（聞き手）話が大きく変わったのに、きちんとつながっていたところが面白かったです。

・（話し手）順番が決まっているので、最後の一文につながるように考えるのが難しかったです。でも、みんなでつくれて楽しかったです。

○活動の面白さは「相手」がいたことであり、それを言葉によってつながることができたことを意識するようにまとめをする。

よりよい授業へのステップアップ

言葉の学びを楽しむ

　6年生としての初めての単元では、心機一転、気持ちを新たに学習を頑張ろうとする子供が多いであろう。言葉の学びを十分に楽しみながら、子供にとって「この学習が面白かった」「この先頑張っていけそうだ」と思えるような1時間にしたい。振り返りでは、「言葉による見方・考え方」を働かせて、「言葉によって」相手とのつながりをもつことができているのだと意図的に方向付けたい。

1 第1時資料 「つながるお話」の例 ⬇ 01-01

つながるお話の例

1 今日は運動会です。

2 たろうくんは上手にダンスがおどれるか心配でした。

3 たろうくんは朝起きてすぐに、ベッドの横でダンスの練習をしました。

4 たろうくんのお母さんは、運動会のお弁当を作ってきました。

5 たろうくんのお気に入りのデザートはゼリーでした。

6 ダンスの本番では、緊張したけれど、上手に踊ることができました。

7 お昼になって、待ちに待ったお弁当の時間になりました。

8 たろうくんはお弁当をもって校庭を走ると、背中の方で音がしました。

9 たろうくんはおそるおそる音の聞こえた方を見ました。

10 道につくりが落ちていました。

話し方の１、「なって」、「なって」、１つのお話
振り返りカード

名前（　　　　　　　　　　）

・聞き手として　　　　他のグループの発表のよさ

・話し手として　　　　友達と作った感想
　　　　　　　　　　　おもしろくなったところ

・次にしてみたいこと

詩を楽しもう

準備 　（1時間扱い）

単元の目標

知識及び技能	・比喩や反復などの表現の工夫に気付くことができる。((1)ク) ・詩を音読することができる。((1)ケ)
思考力、判断力、表現力等	・詩の全体像を具体的に想像したり、表現の効果を考えたりすることができる。(C エ)
学びに向かう力、人間性等	・言葉がもつよさを認識するとともに、進んで読書をし、国語の大切さを自覚して思いや考えを伝え合おうとする。

評価規準

知識・技能	❶比喩や反復などの表現の工夫に気付いている。(〔知識及び技能〕(1)ク) ❷詩を音読している。(〔知識及び技能〕(1)ケ)
思考・判断・表現	❸「読むこと」において、詩の全体像を具体的に想像したり、表現の効果を考えたりしている。(〔思考力、判断力、表現力等〕C エ)
主体的に学習に 取り組む態度	❹進んで詩を音読し、学習課題に沿って感じたことを伝え合おうとしている。

単元の流れ

次	時	主な学習活動	評価
一	1	詩の内容や情景を思い浮かべながら音読する。 音読を聞き合い、互いに感じたことを伝え合う。	❶❷ ❸❹

授業づくりのポイント

〈単元で育てたい資質・能力〉

　本単元のねらいは、詩の全体像を想像し、表現の効果を考え、情景を思い浮かべながら工夫して音読することである。そのためには、一つ一つの言葉に着目し、そこから受ける印象や浮かんでくる景色を具体的に想像することが大切である。また、言葉の順序が違うところや繰り返しなどの表現の工夫のよさにも触れて考えるようにする。更に、想像したことや捉えた表現のよさを基に、作者が誰に何を呼びかけているのかを考え、ノートにまとめることによって、音読の工夫へとつなげられるようにする。

［具体例］
○自分の思いや詩から受ける印象などを表す際には、教科書の巻末の「言葉の宝箱」を活用するようにする。同時に、表にはない、子供たちから出された言葉も、適宜加えていけるように掲示を工夫する。それによって、子供は、感じたことや想像したことをより適切な言葉で表現で

きるようになり、音読の工夫を考えることにつながる。また、こうしたことを繰り返すことで、語彙を豊かにしていくことができる。

〈教材・題材の特徴〉
　「準備」は、作者である高階杞一が、初めて「飛ぶ」ことをする「何か」のいる風景に、自分の思いや心を乗せて、短い言葉で表した作品である。「待っているのではない」「見ているのではない」で始まる第1・2連は題名の「準備」につながり、第3・4連は読み手である子供たちに向けてエールを送るような内容となっている。共感的に読むことができ、これから新しい出来事が多く起こるであろう6年生のスタートに適した作品であると言える。

[具体例]
○この詩には、比喩や反復、倒置法といった表現の工夫が用いられている。作者があえて言葉の順序を入れ替えた部分や繰り返しのあるところなどを見付け、その効果について考えることで、音読の工夫へとつなげることができるようにする。情景を想像するだけでなく、これらを捉えながら読むことで、表現の効果やそのよさにも気付かせたい。

〈言語活動の工夫〉
　詩を読んで想像したことを基に、音読の仕方を考えて練習し、友達と音読を聞き合って、感想を交流する。音読の練習では、言葉の抑揚や、強弱の付け方、間の取り方や速さなど、気を付けるポイントを示しておくとよい。なぜ強弱や速さを意識して読むといいのかを考えることは、詩で表現された情景を捉えることにもつながる。また、互いに音読を聞き合うことで、それぞれが印象に残ったことを交流することをねらう。感じ方の違いに触れ、学習をより深いものにしたい。

[具体例]
○詩を読む中では、どの言葉が心に残ったかを友達と話し合わせてもよい。その際、作品の全体像や表現の工夫といった観点からも考えさせ、発表するようにする。
○音読では、同じ詩でも表現したいことが違ったり、表現したいことが同じでも違う音読の仕方になったりすることもある。そういった違いにも触れ、読みを深めていく。

〈ICTの効果的な活用〉
表現：ICT端末の撮影機能を用いて、音読練習を録画して確認したり、提出したりしてもよい。

準備

本時の目標

・詩の全体像を具体的に想像したり、表現の効果を考えたりしながら詩を読み、音読することを通じて感じたことを伝え合うことができる。

本時の主な評価

❶比喩や反復などの表現の工夫に気付いている。【知・技】
❷詩を音読している。【知・技】
❸詩の全体像を具体的に想像したり、表現の効果を考えたりしている。【思・判・表】
・進んで詩を音読し、学習課題に沿って感じたことを伝え合おうとしている。

資料等の準備

・教材文の拡大コピー（ICT機器で代用可）

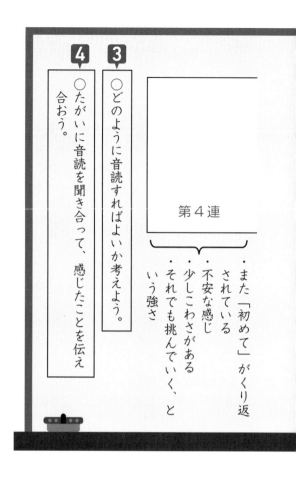

第4連

・また「初めて」がくり返されている
・不安な感じ
・少しこわさがある
・それでも挑んでいく、という強さ

③ ○どのように音読すればよいか考えよう。

④ ○たがいに音読を聞き合って、感じたことを伝え合おう。

授業の流れ ▷▷▷

1 題名からイメージすることを共有し、詩と出合う 〈5分〉

T 「準備」と聞いて、どんなことをイメージしますか。
○題名について想像を広げていき、詩に対する興味・関心を高める。必要に応じて、イメージマップなどの思考ツールを用いてもよい。
・どこかに行くときに準備をします。
・学校へ来るときにも、毎日準備をしています。
・楽しみな気持ちでいっぱいになります。
・忘れ物がないか、心配になることもあります。
○「旅行」や「お出かけ」といった目的だけでなく、「楽しみ」や「不安」といった気持ちにも目を向けるようにしたい。

2 情景を思い浮かべながら、詩を音読する 〈10分〉

T この詩をつくった人は、誰に向かって、何を呼びかけているでしょうか。詩の情景を思い浮かべながら、聞きましょう。
T みなさんも、音読してみましょう。
○音読をした後に、必要に応じて言葉の意味を確かめる。
○「飛び立つ」や「風の向きや速さ」という表現、挿絵などから、鳥や空といった情景が浮かぶことが想定される。

詩を楽しもう

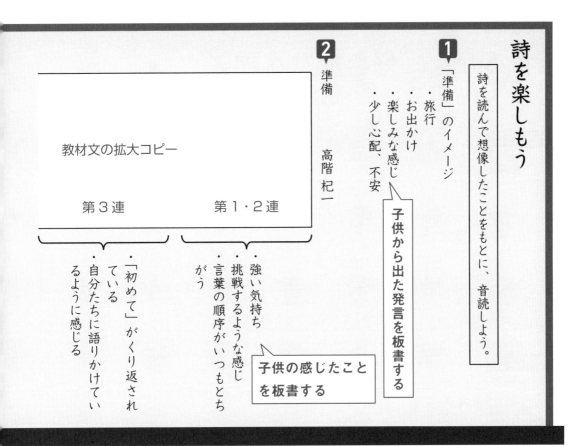

詩を読んで想像したことをもとに、音読しよう。

1 「準備」のイメージ
- 旅行
- お出かけ
- 楽しみな感じ
- 少し心配、不安

（子供から出た発言を板書する）

2 準備　高階杞一

教材文の拡大コピー

第3連　第1・2連

第1・2連
- 強い気持ち
- 挑戦するような感じ
- 言葉の順序がいつもとちがう

（子供の感じたことを板書する）

第3連
- 「初めて」がくり返されている
- 自分たちに語りかけているように感じる

---

3 どのように音読すればよいか考える　〈15分〉

T　この詩から、どんな情景を想像しましたか。また、どんな表現の工夫がありますか。

○音読の仕方の工夫につなげるために、一人一人が感じたことや想像したことを書くようにする。

・強い気持ちで挑むような感じがしました。

・私たちに語りかけていると思います。

・「雲の悲しみ」とはどういうことだろう。どんなふうに音読するといいだろう。

T　自分が想像したことや感じたことが伝わるように、音読しましょう。

○どのように読むとよいか、考えたことをワークシートに書き込むようにする。

4 音読を聞き合い、感じたことを伝え合う　〈15分〉

T　音読を互いに聞き合って、感想を伝え合いましょう。

○聞き合う形態は、学級の実態に応じてペア、グループ、全体など工夫する。

・○○さんの音読は、恐れずに挑戦するぞという気持ちが伝わってきました。

・△△さんの音読は、少し不安に思っている感じが伝わってきました。

ICT端末の活用ポイント

音読の練習や提出のために、撮影機能を用いることもできる。学習支援ソフトも活用し、互いの音読を聞き合う環境を整えるとよい。

伝わるかな、好きな食べ物／続けてみよう 〔1時間扱い〕

単元の目標

知識及び技能	・比喩や反復などの表現の工夫に気付くことができる。（(1)ク）
思考力、判断力、表現力等	・目的や意図に応じて簡単に書いたり詳しく書いたりするとともに、事実と感想、意見とを区別して書いたりするなど、自分の考えが伝わるように書き表し方を工夫することができる。（Bウ） ・文章全体の構成や展開が明確になっているかなど、文章に対する感想や意見を伝え合い、自分の文章のよいところを見付けることができる。（Bカ）
学びに向かう力、人間性等	・言葉がもつよさを認識するとともに、進んで読書をし、国語の大切さを自覚して思いや考えを伝え合おうとする。

評価規準

知識・技能	❶比喩や反復などの表現の工夫に気付いている。（〔知識及び技能〕(1)ク）
思考・判断・表現	❷「書くこと」において、目的や意図に応じて簡単に書いたり詳しく書いたりするとともに、事実と感想、意見とを区別して書いたりするなど、自分の考えが伝わるように書き表し方を工夫している。（〔思考力、判断力、表現力等〕Bウ） ❸「書くこと」において、文章全体の構成や展開が明確になっているかなど、文章に対する感想や意見を伝え合い、自分の文章のよいところを見付けている。（〔思考力、判断力、表現力等〕Bカ）
主体的に学習に取り組む態度	❹積極的に書き表し方を工夫し、これまでの学習を生かして互いの文章を読み合おうとしている。

単元の流れ

次	時	主な学習活動	評価
一	1	食べ物の名前を出さずに、その食べ物のおいしさを伝える文章を書く。 書き上がった文章を友達と読み合い、その食べ物を当て合う。	❶❷ ❸❹

〈単元で育てたい資質・能力〉

　ここでは、食べ物の名前を出さずに、その食べ物のおいしさを伝える文章を書く活動を通して、比喩など表現を工夫したり、感じたことの書き表し方を工夫したりする力を育てる。書き上がった文章を読んだ相手が、その文章が表している食べ物は何か、クイズのように当て合うことで、表現が適切かどうか、文章のよいところにも目を向けることができる。１時間という配当時数なので、その食べ物の見た目や様子については必ず比喩表現を使うようにするなど、指導の重点化を図ってもよいだろう。

〈教材・題材の特徴〉

　食べ物の名前を出さずに、その食べ物のおいしさを相手に伝える文章を書く教材である。伝える食べ物を決めた後に、形や色などの見た目の特徴、味や触感、匂いなどの食べているときに感じる様子、どんなときに食べるかといった項目が示され、それを基にして書く内容を考えることができる。また、文章のモデルも示されており、具体的にどのように書けばよいか、どのくらいの文字数かイメージをもつことができる。それらを丁寧に確認しながら進めることで、書くことへの苦手意識を払拭しながら活動することができるだろう。その食べ物を最後に当て合うことが目的なので、何より楽しんで活動することを大切にしたい。

〈言語活動の工夫〉

　書いた文章を読み合い、書かれた食べ物を当て合う活動である。４〜５名程度の小グループに分かれて、互いの文章を読み合い、当て合うようにする。または、毎日数名ずつ全体の前で発表させ、当て合うようにしてもよい。どちらにしても、どの表現から分かったのか、言葉に着目させるようにしたい。

```
［具体例］
○小グループで読み合うか、全体の前で発表するかは、学級の子供たちと相談して決めてよい。
　文章を書く活動は、個人差が出やすい。読み合う活動に一斉に進むことが難しい場合は、完成した子供同士で集まって読み合いを始めるなど、柔軟に対応するとよい。
```

〈ICTの効果的な活用〉

調査：検索を用いて、その食べ物の写真を調べ、それを見ながらイメージを膨らませて文章を書くようにする。

共有：手書きに時間のかかる子供には、文書作成ソフトを用いて文字入力をさせてもよい。子供の実態に合わせて選択させるとよいだろう。

伝わるかな、好きな食べ物／続けてみよう

本時の目標
・好きな食べ物の様子について、表現を工夫して書くことができる。

本時の主な評価
・自分の好きな食べ物の様子やおいしさが相手に伝わるように書き表し方を工夫して書いている。

資料等の準備
・教科書 p.23 の範例の拡大コピー（ICT 機器で代用可）

【共通の書き出し】
「その料理の○○は、まるで〜のようだ」
（例）その料理の見た目は、
まるでゴツゴツとした岩のようだ。

③

◆書き終えたら友達と読み合って、食べ物を当てる。

④

授業の流れ ▷▷▷

1 学習モデルを読み、学習の内容をつかむ 〈5分〉

T　次の文章を読んで、どんな食べ物について書かれているのか、当ててください。

○教科書 p.23 のオムライスの例を提示し、子供に当てさせる。

・「黄色いたまごが、表面をおおっている」とあるからオムレツかな。

○どの表現からどんなことを考えたか発表させる。

・「お日さまの光をたっぷり浴びたひよこみたいに黄色いたまご」という表現がおいしそう。

T　このように表現を工夫しておいしさが伝わる文章を書いて、何か当てます。

○学習内容を提示する。

2 どの食べ物について書くか決め、内容を考える 〈10分〉

T　何の食べ物について書くか考えましょう。

・カレーライスにしようかな。

・シュークリームがいいかな。

T　次のことに注意して、書く内容を考えましょう。

○「色や形などの見た目」「食べているときの様子（味・触感・におい）」「どんなときに食べるか」といった観点を板書する。

・カレーライスなら、食べているときの辛さを何かに例えるとよさそうだな。

・シュークリームなら、外の皮と中のクリームの触感の違いを表現したいな。

伝わるかな、好きな食べ物

表現を工夫して、おいしさが伝わる文章を書こう。

◆ **1**

「オムライス」の表現の工夫

> 教科書p.23の範例の拡大コピー

黄色いたまごが、表面をおおっている

オレンジ色のご飯が顔を出す

お日さまの光をたっぷり浴びた

ひよこみたいに黄色いたまご

◆ **2**

自分が書く食べ物を決めて、内容を考える。

【表現の工夫を考える観点】
・色や形などの見た目
・食べているときの様子（味 触感 におい）
・どんなときに食べるか

---

3 おいしさが伝わるように、文章を書く　〈20分〉

○書き出しの型を提示する。

T 「その料理の○○は、まるで〜のようだ」から書き始めるようにしましょう。

・その料理の形は、まるでなだらかな丘と湖のようだ。

・その料理の見た目は、まるでゴツゴツとした岩のようだ。

○教科書p.23の範例を再度示し、参考にさせる。学級の実態に合わせて、書き出しは自由にするなど工夫する。

ICT 端末の活用ポイント

子供の実態に応じて、記述は文書作成ソフトを用いてもよい。手書きかタイピングか、子供に選択させるとよいだろう。

4 文章を読み合い、友達と当て合う　〈10分〉

T 友達と読み合って、何の食べ物について書かれた文章か当て合いましょう。どの表現から分かったかも伝え合うようにしましょう。

○ペアになって、文章を交換して読み合い、当て合う。その後、ペアを変えて続ける。

・「舌につきささるような」という表現からカレーライスだと思いました。

T 友達のどんな表現が印象に残りましたか。発表してください。

○印象に残った表現について全体で共有する。

視点や作品の構成に着目して読み、印象に残ったことを伝え合おう

帰り道 （ 5時間扱い ）

単元の目標

知識及び技能	・文章の構成や展開、文章の種類とその特徴について理解することができる。（(1)カ） ・比喩や反復などの表現の工夫に気付くことができる。（(1)ク）
思考力、判断力、表現力等	・登場人物の相互関係や心情などについて、描写を基に捉えることができる。（C(1)イ）
学びに向かう力、人間性等	・言葉がもつよさを認識するとともに、進んで読書をし、国語の大切さを自覚して思いや考えを伝え合おうとする。

評価規準

知識・技能	❶文章の構成や展開、文章の種類とその特徴について理解している。（〔知識及び技能〕(1)カ） ❷比喩や反復などの表現の工夫に気付いている。（〔知識及び技能〕(1)ク）
思考・判断・表現	❸「読むこと」において、登場人物の相互関係や心情などについて、描写を基に捉えている。（〔思考力、判断力、表現力等〕C(1)イ）
主体的に学習に取り組む態度	❹進んで登場人物の相互関係や心情などについて、視点の違う二つの描写を基に捉え、学習の見通しをもって、特に印象に残ったことについて考えを伝え合おうとしている。

単元の流れ

次	時	主な学習活動	評価
一	1	学習の見通しをもつ 律と周也のどちらに共感したか話し合い、１と２の「視点」の違いに着目して、同じ出来事に対する律と周也の捉え方を話し合う。	
二	2	叙述を基に、「同じ出来事」に対する律と周也のそれぞれの捉え方や心情を捉える。	❷❸
	3	律と周也の人物像を多面的に捉え、「１」「２」と分けて書かれた構成の効果について考えをもつ。	
	4	「考えをまとめるときの観点の例」を基に、特に印象に残ったことについて考えをまとめる。	❶
三	5	学習を振り返る 構成と内容に対する自分の考えを伝え合い、単元の学習を振り返る。	❹

授業づくりのポイント

〈単元で育てたい資質・能力〉

　本単元のねらいは、違う視点で書かれた作品の構成や展開に着目して読み、登場人物の相互関係や心情の変化などを描写を基に捉え、印象に残ったことを伝えることである。そのためには、学習用語「視点」を共通理解する必要がある。律と周也の同じ出来事に対する捉え方や心情について、作品の構成や展開に沿って、それぞれの立場から考えたり、比較したりして、共通点や相違点を見いだし、視点の違いに着目しながら読むことで、登場人物の心情や相互関係を多面的に捉え、印象に残ったことについて考えをまとめられるようにする。

```
［具体例］
○視点の違いや使い方を理解させる際には、異なる視点で書かれた作品（既習教材等）を用意
　し、その違いを実感させるという手立ても考えられる。
　・4年「ごんぎつね」→「ごん」視点の物語がクライマックスでは「兵十」の視点で描かれて
　　いる。
○律と周也について、語り手本人の見方、相手からの見方、読み手である子供からの見方などの
　視点を組み合わせて考えることにより、人物の心情や相互関係を捉えられるようにする。
```

〈教材・題材の特徴〉

　本教材の最大の特徴は、学校からの「帰り道」で起こった出来事について、二つの違った視点から一人称視点で語っていることである。1は律、2は周也の視点で描かれており、子供はそれを読み比べながら2人の少年の関係や心情の変化を捉えていく。その過程で、互いがどう思っているのか、読み手である「自分」はそれぞれについてどう思うかを考えながら読み進めていく。律と周也には、言葉の発し方、自然に対する感じ方など、様々な点で違いがある。その2人の関係性が、最終場面で変化する。人物や状況設定は子供にとって身近であり、似たような状況を想像しながら、自分自身と重ね合わせて読むこともできる。内容、構成の両面から自分なりの考えをもって読むことのできる教材である。

```
［具体例］
○1の律の視点から読むと、周也はいつもと変わらない。そのため、律は更に心を重くし、自己
　嫌悪に陥ってしまう。しかし、2の周也の視点から読むと、何もなかったかのように振る舞お
　うとし、律を気にかけていることにも気付く。それぞれの立場での思いの違いをまとめること
　を通して、実は根底には、相手への思いがあるといった共通点にも気付かせたい。
```

〈ICTの効果的な活用〉

共有：学習支援ソフトのチャット機能を使い、問いをもつ段階で律と周也のどちらに共感している
　　　か、立場が分かるように自分の思いを共有し合う。また、考えをまとめる段階で、文書作成
　　　ソフトのコメント機能で、互いの感想を伝え合う。

整理：文書作成ソフトの共同編集機能を使い、律と周也それぞれの場面における心情を分担してま
　　　とめ、共通点や相違点を見付けやすくする。

帰り道

本時の目標
・視点の違いに着目して読み、登場人物の心情に共感したことを伝え合いながら、学習の見通しをもとうとする。

本時の主な評価
・視点の違いに着目して読み、登場人物の心情に共感したことを伝え合い、学習の見通しをもっている。

資料等の準備
・特になし

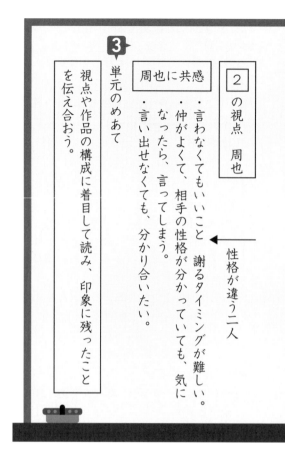

❸
単元のめあて
視点や作品の構成に着目して読み、印象に残ったことを伝え合おう。

周也に共感
・言わなくてもいいこと　謝るタイミングが難しい。
・仲がよくて、相手の性格が分かっていても、気になったら、言ってしまう。
・言い出せなくても、分かり合いたい。

②の視点　周也

性格が違う二人

授業の流れ ▷▷▷

1 「帰り道」から想像することを伝え合い、全文を読む 〈10分〉

T 「帰り道」と聞いて、どんなことを思い浮かべますか。
・友達とおしゃべりしながら帰る。
・学校であったことを思い出す時間。
○「帰り道」について想起させることで、本文に対する興味・関心を高め、想像を膨らませながら読めるようにしたい。
T 教科書に「帰り道」というお話があります。律と周也という登場人物がどのような帰り道を過ごし、自分は登場人物のどんな考えに共感したか考えながら読みましょう。
○教科書 p.25のリード文を読み、登場人物の「律」と「周也」がいることを確認する。

2 視点を捉え、2人のどちらに共感したか選び、自分の考えをもつ 〈15分〉

T 1と2の描き方の違いに気付きましたか。この作品は1と2で語り手が変わります。語り手がその作品をどこから見て語っているのかを「視点」と言います。「ぼく」に着目して1と2の視点を確かめましょう。
・1が律、2が周也です。
T p.38の「問いをもとう」を読みましょう。自分が共感した人物を選んで、感じたことをノートに書きましょう。

> **ICT端末の活用ポイント**
> 学習支援ソフトのチャット機能を使って、立場が分かるように記号で区別したり、色分け等をしたりして、自分の思いを一覧で学級全体に共有できるようにするとよい。

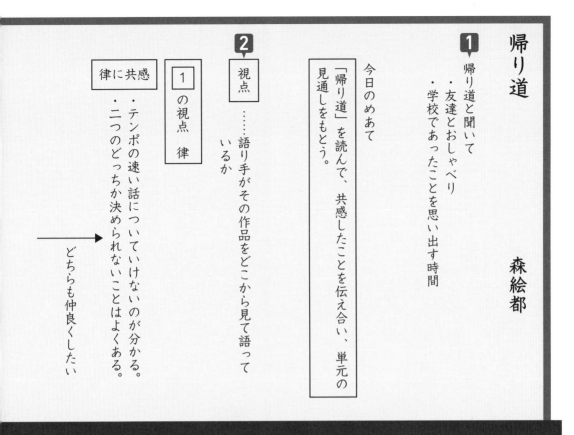

帰り道　　森絵都

1
帰り道と聞いて
・友達とおしゃべり
・学校であったことを思い出す時間

今日のめあて
「帰り道」を読んで、共感したことを伝え合い、単元の見通しをもとう。

2
視点……語り手がその作品をどこから見て語っているか

①の視点　律
「律に共感」
・テンポの速い話についていけないのが分かる。
・二つのどっちか決められないことはよくある。
　→どちらも仲良くしたい

---

3 視点の違いに着目して話し合い、単元の学習の見通しをもつ〈20分〉

T　自分の考えを伝え合いましょう。

・ぼくは、1の律に共感しました。友達は好きだけど、テンポの速い友達の話についていけないことがあります。

・私は2の周也に共感しました。言わなくてもいいことを言って、友達に謝るタイミングがつかめないのはよくあります。

・友達の話を聞いて、律と周也の性格は違うけれど、分かり合いたい気持ちは同じだと思いました。

T　視点の違いによって、自分は2人のどちらに共感するか、考えやすくなりましたね。内容の面白さとともに、視点を変えて描かれた構成の仕方に着目して読み、特に印象に残ったことを伝え合いましょう。

よりよい授業へのステップアップ

「問い」をもって読み進める

　子供が学習の見通しをもちながら、粘り強く学習に取り組むという「主体的な学び」になるためには、自らの「問い」をもって読み進めることが重要である。そのためには、子供が追求したくなる「問い」を選べることはとても有効である。

　「帰り道」は物語の視点の違いから、自分の共感する登場人物を選んで読み進めることができる。自分がはじめにどちらの立場に共感したかを記録して残し、単元の終末まで、振り返りながら学習を進めるとよい。

帰り道

本時の目標
・叙述を基に、同じ出来事に対する律と周也の
それぞれの捉え方や心情を、表現の工夫に気
付いて捉えることができる。

本時の主な評価
❷比喩や反復などの表現の工夫に気付いてい
る。【知・技】
❸叙述を基に、同じ出来事に対する律と周也の
それぞれの捉え方や心情を捉えている。
【思・判・表】

資料等の準備
・ワークシート ⬇ 04-01

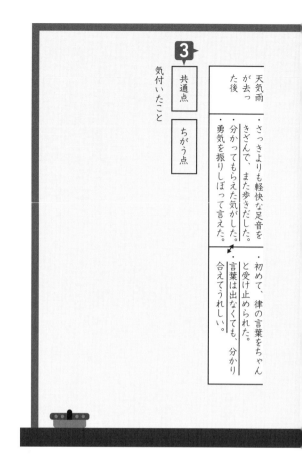

授業の流れ ▷▷▷

1 前時を振り返り、本時のめあてを確かめる 〈5分〉

T　前時では、「同じ出来事」でも、視点の違
いによって、自分はどちらに共感できるか考
えやすいことが分かりました。本時では、
2人の心情をそれぞれまとめ、違いや共通
点を考えましょう。

○前時の板書や学習支援ソフトの履歴を基に前
時の学習を振り返り、「視点」という学習用
語の確認とともに、自分の共感していた立場
を確認できるようにする。

2 全文を読み、同じ出来事に対する2人の捉え方や心情を書く 〈20分〉

T　全文を読んで、同じ出来事に対する2人
の捉え方や心情をワークシートにまとめま
しょう。

○場面は予め確認しておく。記入するときは、
昼休みの場面を全体で取り組み、他の場面に
ついては個で取り組むようにするとよい。

> **ICT端末の活用ポイント**
> 文書作成ソフトのワークシートで取り組む場合
> は、共同編集機能を使って、ペアでそれぞれの
> 視点を分担して取り組み、協働して1枚の
> ワークシートを完成させることもできる。

帰り道　森絵都

1 単元のめあて

視点や作品の構成に着目して読み、印象に残ったことを伝え合おう。

今日のめあて

同じ出来事に対する律と周也のとらえ方や心情をまとめよう。

2

場面	1 律	2 周也
昼休み	・「どっちが好き」という話についていけない。 ・周也がにらんできた。 ・するどいものが、みぞおちの辺りにずきっとさした。	・言わなくてもいいことを言った。 ・軽くつっこんだつもり。 ・まずいと思った。 ・絶対にぼくの顔を見ようとしない律のことが気になる。
昼休み	・二人とも白けたんだろう。 ・周也はどんどん前に進んでいくんだろう。 ・思っていることが、なんで言えないんだろう。	・気まずいちんもくにたえられない。 ・またよけいなことをしゃべるぼく。 ・ぼくの言葉は軽すぎる。 ・ぼくにはない落ち着きっぷり。 ・何も言えない。言葉が出ない。
天気雨が降った時	・プールの後のシャワーがうかんだ。 ・みぞおちの異物が消えてきた。 ・二人でさわいで笑い合えた。	・無数の白い球みたい。 ・むだに放ってきた球の逆襲 ・何もかもがむしょうにおかしい。 ・律もいっしょに笑ってくれたのがうれしい。

共通点にはサイドライン

3 書いたことを発表し合い、相違点や共通点をまとめる　〈20分〉

T　同じ出来事に対する2人の捉え方や心情をまとめていきましょう。

○子供の発言を板書にまとめていく。

T　言葉に着目して、2人の違いや共通点について気付いたことを発表してください。

・律は思ったことを言えないことを後悔していて、周也は言い過ぎてしまうことを後悔しています。

・どちらも相手に憧れていて、謝りたいと思っています。

・天気雨の後には、お互いに分かり合えたことを喜んでいます。

T　次の時間は、まとめたことを基に、律と周也がどんな人物か考えていきましょう。

よりよい授業へのステップアップ

既習事項を生かす

　視点を理解するためには既習教材を例にするとよい。低学年では第三者が語り手となって物語を進める話が大半であったが、中学年「ごんぎつね」では、語り手がごんの視点で物語を進め、クライマックスになると兵十の視点に変わることが作品の面白さにつながっていたことに気付かせたい。

　「帰り道」は教科書単元では初めての「ぼく」という一人称の語り手となるため、適宜今までの作品の構成と比較しながら、本作品のよさを見いだし、単元の終末の活動へつなげたい。

本時案

帰り道

3／5

本時の目標

・叙述を基に、それぞれの人物像を捉え、文章の構成の効果について考えをもつことができる。

本時の主な評価

・叙述を基に、それぞれの人物像を捉え、文章の構成の効果について考えをもっている。

資料等の準備

・ワークシート ⬇ 04-02

（板書）

3

読み手
・せん細
・実は、子どもっぽいところがある。
・ぎる。
・実ははずかしがり屋

「1」と「2」で分かれている書き方で気付いたこと

・心情が分かりやすい。↑相手に分からないところ
・「1」で分からなかった相手の気持ちが「2」で分かる
・「1」で分からなかった相手の気持ちが「2」で分かるのが手品の種明かしみたいでおもしろい。

授業の流れ ▷▷▷

1 本時のめあてを確認し、人物像のまとめ方を確認する 〈7分〉

T　今日は、この作品が「1」と「2」に分かれて書かれた効果について考えるために、律と周也の人物像を考え、話し合いましょう。

T　本文を読んで、それぞれの人物像をワークシートにまとめます。そのときに視点を変えながらまとめましょう。

○ワークシートのどの欄にどの視点の人物像を書き込めばよいか、確認する。その際「1」と「2」の視点を再度確認して、着目する表現に焦点化できるようにする。

2 律と周也の人物像をワークシートにまとめ、考えを伝え合う 〈23分〉

T　では、「帰り道」を読んで、それぞれの視点から、人物像をまとめましょう。

○前時でまとめたワークシートの同じ出来事に対する捉え方や心情を参考にして考えさせるとよい。

○読み手からの視点を書く際には、「自分自身」や「相手」から出なかった部分を考え、叙述と自分自身の経験とを照らし合わせて想像させてもよい。経験は様々であるため、叙述に基づいていれば、ある程度の多様性を認めてよい。

T　それぞれの人物像について、考えたことを伝え合いましょう。

○拡大したワークシートにまとめる。

帰り道　森絵都

① 律と周也の人物像を考え、作品の構成の効果を考えよう。

②

	自分自身	相手から見ると	から見ると
律の人物像（律→律 / 周也→律 / 読み手→律）	・いやなこともひきずってしまう。 ・思っていることが言えない。	・ちんもくを気にしない。 ・いつだってマイペース。 ・落ち着いている。	・本当は思っていることがたくさんある。深く考えている。
周也の人物像（周也→周也 / 律→周也 / 読み手→周也）	・軽い ・落ち着きがない。 ・ちんもくが苦手。 ・よけいなことばかりしゃべる。	・楽観的 ・いつでも思ったことをすぐに言葉にできる。 ・積極的で行動力がある。	・本当はやさしくて、相手への思いやりがある。 ・相手の反応を気にす

3　文章の構成の効果について、考えたことを話し合う　〈15分〉

T　この作品が「1」と「2」に分かれて書かれていることで、どのような効果があるか、話し合いましょう。

・「ぼく」の視点で書かれているので、その心情が分かりやすく書かれています。

・分けて書かれていることで、相手からは気付かれない心情が分かりやすくなっています。

・「1」で分からなかった周也の心情が、「2」で分かるようになる書き方は手品の種明かしのようで面白い。

T　次の時間は、本作品で特に印象に残ったことについて、内容と構成の両面から考えましょう。

よりよい授業へのステップアップ

多面的に人物像を捉える

　本時では、①律や周也の「自分自身」、②律から見た周也や、周也から見た律、③読み手から見た律や周也、という三つの視点から人物像を捉える活動を行っている。これは、多面的に人物像を捉えることで、物語への新たな気付きを促すことができるようにするためである。取り組む際は、巻末の「言葉の宝箱」を活用すると、子供の思いに合う言葉を選ぶことができる。

　本作品が異なる視点で描かれているからこそ、これらの活動ができるということにも気付かせていきたい。

帰り道

4/5

本時の目標

・文章の構成や展開、特徴について理解し、表現の工夫に気付き、考えをまとめることができる。

本時の主な評価

❶文章の構成や展開、特徴について理解している。【知・技】

・文章を読んで理解したことに基づいて、自分の考えをまとめている。

資料等の準備

・「考えをまとめるときの観点の例」の拡大コピー

・ワークシート 🔽 04-03

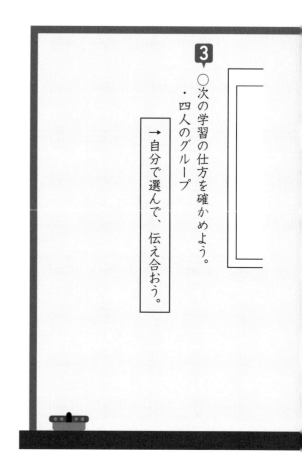

3
○次の学習の仕方を確かめよう。
・四人のグループ
→自分で選んで、伝え合おう。

授業の流れ ▷▷▷

1 本時のめあてと考えをまとめるときの観点を理解する 〈5分〉

T 今日は、これまでの学習を生かして、構成と内容の両面から、特に印象に残ったことについて考えを書きましょう。

T 考えをまとめるときには、次の観点に沿って書きましょう。

○教科書 p.39 の「考えをまとめるときの観点の例」の拡大コピーを掲示し、それに沿って書くことを確認する。

2 観点を決めて、特に印象に残ったことについて考えを書く 〈35分〉

T これまでにまとめてきた2人の心情や人物像を参考にして、構成と内容の両面から観点を決めて、自分の考えをまとめましょう。

○前時までのワークシートを参考にさせる。

○教師がモデル文を掲示したり、書き出しを示したりなどして、子供の実態に応じて書くことへの抵抗感を減らす。

○本作品の面白さは、どちらの観点の割合が大きいか考えるように促すと、両面から考えやすい。

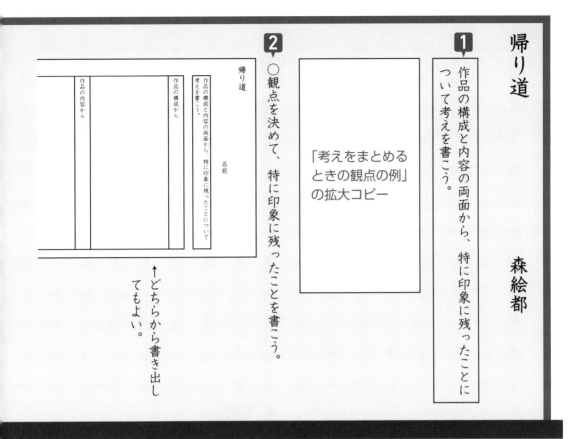

帰り道　森絵都

1 作品の構成と内容の両面から、特に印象に残ったことについて考えを書こう。

「考えをまとめるときの観点の例」の拡大コピー

2 ○観点を決めて、特に印象に残ったことを書こう。

帰り道　　　　　　名前

作品の構成と内容の両面から、特に印象に残ったことについて考えを書こう。

作品の構成から

作品の内容から

↑どちらから書き出してもよい。

---

3 本時を振り返り、次時の学習の
仕方を確かめる　〈5分〉

T　今日書いたことを、次の時間に伝え合いましょう。どのような形で伝え合いたいですか。

・3〜4人のグループで伝え合いたい。
・作品の面白さの観点が似ている人と伝え合いたい。
・全体を見て、理由をもっと聞いてみたい人と伝え合いたい。

ICT端末の活用ポイント

次時までに、学習支援ソフトの共有機能を活用して、子供の考えをまとめたものを全体で共有できるようにしておくと、子供は伝え合う相手を選ぶことができる（直筆の作品は、画像として共有すれば読むことができる）。

よりよい授業へのステップアップ

選ぶことが主体的な学びを促す

　単元末の共有においても、相手を選ぶことができることは、更に子供の主体的な学びを促進し、資質・能力の向上につながると考える。

　はじめは、日常の仲間同士等の近い関係で共有相手を選びがちになるが、学びが深まるにつれ、全体の考えを一覧で見渡して、「もっと話を聞いてみたい」という興味をもった相手と共有することを好むようになる。子供が知りたい情報を積極的に知ろうとすることが、学びを深めるのである。

本時案

帰り道

⑤/⑤

本時の目標
・進んで登場人物の相互関係や心情などについて、視点の違う二つの描写を基に捉え、特に印象に残ったことについて、考えを伝え合おうとする。

本時の主な評価
❹進んで登場人物の相互関係や心情などについて、視点の違う二つの描写を基に捉え、特に印象に残ったことについて、考えを伝え合おうとしている。【態度】

資料等の準備
・子供の考えをまとめたものの一覧

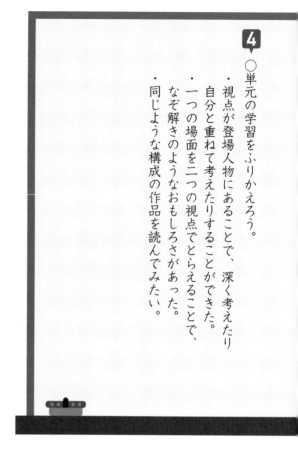

④
○単元の学習をふりかえろう。
・視点が登場人物にあることで、深く考えたり自分と重ねて考えたりすることができた。
・一つの場面を二つの視点でとらえることで、なぞ解きのようなおもしろさがあった。
・同じような構成の作品を読んでみたい。

授業の流れ ▷▷▷

1 本時のめあてを確認し、考えを読み合い、活動の仕方を確かめる 〈10分〉

T 今日は、自分がまとめた考えを友達と伝え合いましょう。一覧を読んで、どのように伝え合いたいか決めましょう。

○予め用意した、子供の考えをまとめたものの一覧を読む時間を確保する。

○読んだ内容を基に、(考えが似ている・違うなど) もっと聞きたい相手を選んで、伝え合えるようにする。

2 特に印象に残ったことについて、考えを伝え合う 〈15分〉

T 特に印象に残ったことについて、読み合って、感じたことや考えたことを伝え合いましょう。

○書かれていることを読むだけでは分からなかったことを聞いてみたり、分かったことを確かめたりするために直接聞く価値があることを伝える。

ICT 端末の活用ポイント

学習支援ソフトを活用すると、コメント機能を使って、読んだ感想を多くの仲間に伝えることもできる。

板書（右から縦書き）:

帰り道　森絵都

1　自分の考えを伝え合い、単元の学習をふりかえろう

2　○伝え合いたい相手を決めて、伝え合おう。
　・考えが似ている相手・違う相手
　・理由が知りたい相手

3　○友達の考えを聞いて、思ったこと

作品の構成から
　・1の視点で分からなかった周也の心情が、2の視点では種明かしのように明らかになったこと

作品の内容から
　・最後の「行こっか」「うん」の言葉がどちらが言ったか分からないところ

子供から出た感想を板書していく

---

3 友達の考えを知り、「よく分かる」と思ったことを伝える　〈10分〉

T　友達の考えを聞いて、「よく分かる」と思ったことを発表してください。

・（作品の構成から）1の視点で分からなかった周也の心情が、2の視点では種明かしのように明らかになったことです。

・（作品の内容から）最後の「行こっか」「うん」の言葉がどちらが言ったか分からないところです。

○友達の考えの共通点や相違点から、自分が共感した部分について発表させる。

○仲間と伝え合うことで、自分の考えが広がるよさがあることに気付けるようにする。

4 単元の学習を振り返る　〈10分〉

T　単元全体の学習を振り返りましょう。どのようなことができるようになりましたか。

・視点が登場人物にあることで、心情を深く考えられたり、自分と重ねて考えたりすることができました。

・一つの場面を二つの視点で捉えることで、謎解きのような面白さがありました。

・これからも、同じような構成の作品を選んで読んでみたいです。

○どのようにして考えてきたか、どんなことを手がかりに捉えてきたかなどを考えさせて、振り返るようにする。

○教科書 p.39 の「ふりかえろう」を参考に考えさせてもよい。

1 第2時資料　ワークシート ⬇ 04-01

帰り道　　同じ出来事に対する律と周也のとらえ方や心情をまとめよう。　　名前

場面	昼休み	だまりこんで歩く時	天気雨が降った時	天気雨が去った後
1 律				
2 周也				

2 第3時資料　ワークシート ⬇ 04-02

帰り道　　律と周也の人物像を考え、作品の構成の効果を考えよう。　　名前

	自分自身	相手から見ると	読み手から見ると
律の人物像	律→律	周也→律	読み手→律
周也の人物像	周也→周也	律→周也	読み手→周也

帰り道

名前

作品の構成と内容の両面から、特に印象に残ったことについて考えを書こう。

作品の構成から

作品の内容から

---

4 第4時資料　ワークシート（記入例）

帰り道

名前

作品の構成と内容の両面から、特に印象に残ったことについて考えを書こう。

作品の構成から

（例）わたしが一番印象に残ったのは、1の視点で分からなかった周也の心情が、2の視点では種明かしのように明らかになったことです。これは、1を読むだけでは想像できなかったことで、この作品の構成のおもしろさだったと思います。現実には、帰り道のたった五分程度の時間でも、二人の心情の両面を見ることができると、こんなにもおもしろい作品になるのだと感じました。

作品の内容から

（例）わたしが一番印象に残ったのは、最後の「行こっか」「うん」の言葉がどちらが言ったか分からないところです。二人の人物像を比較して考えた時、「周也」はリードする側で、「律」はついていく側でした。でも、最後の場面で勇気を出して思いを伝えられたのは「律」の方だったので、本当は勇気があって心の強さがあるのは「律」なのではないかと思いました。だから最後の二人の言葉は「行こっか」が律で、「うん」が周也なのではないかと想像すると、とてもおもしろくなりました。私もいざというときには思いをきちんと伝えられるようになりたいと思いました。

本は友達

公共図書館を活用しよう　（1時間扱い）

単元の目標

知識及び技能	・日常的に読書に親しみ、読書が、自分の考えを広げることに役立つことに気付くことができる。((3)オ)
学びに向かう力、人間性等	・言葉がもつよさを認識するとともに、進んで読書をし、国語の大切さを自覚して思いや考えを伝え合おうとする。

評価規準

知識・技能	❶日常的に読書に親しみ、読書が自分の考えを広げることに役立つことに気付いている。(〔知識及び技能〕(3)オ)
主体的に学習に取り組む態度	❷進んで公共図書館の役割や特徴について知り、学習課題に沿って利用してみたいものや本の記録の仕方について考えようとしている。

単元の流れ

次	時	主な学習活動	評価
一	1	公共図書館を利用した経験を想起し、学校図書館との違いを考える。 地域の公共図書館で利用できる資料やサービスを確かめる。 読んだ本や調べたことの記録の仕方を知り、調べる計画を立てる。	❶ ❷

授業づくりのポイント

〈単元で育てたい資質・能力〉

　本単元のねらいは、公共図書館の役割や特徴について知るとともに、日常的に読書に親しみ、学習課題に沿ってそれらを活用しようとする態度を育むことである。

　そのためには、地域にある身近な公共図書館について自分で調べることが大切になる。子供が日常的には利用していなかったり、知らなかったりする様々な資料やサービスが身近な公共図書館にもあることを知ることで、自分の課題に合わせてそれらをどのように活用できるか進んで考えられるようにする。

　また、本を読んだり、施設で調べたりしたことは継続的に記録し、主体的に学習する態度を育成していくことにもつなげていきたい。

[具体例]

○公共図書館を日頃からよく使い親しんでいる子供もいれば、ほぼ利用したことがないという子供もいるだろう。そこで初めに、これまでに利用した経験を出し合って、どのような利用の仕方があるのか共有する。次に教科書の例を読むことで、身近な図書館にはどのような資料やサービスがあるのか確認してみようという意欲をもたせるようにする。

○公共図書館のサービスは、インターネットでできる所蔵資料の検索・予約や電子書籍の貸し出し、オンラインデータベースの公開など様々だが、その種類や量は地域により異なる。授業の

前に子供が主に利用する地域の図書館のホームページを見てどのような資料やサービスがあるかを確認し、学習課題に合わせて何に注目させたいか考えておくとよい。

〈他教材や他教科との関連〉

　本単元の学習は、本を用いて自ら調べる課題がある場面で行うことが効果的である。各教科の年間指導計画と照らし合わせながら、学習の参考として本を利用する場合や調べ学習等をするタイミングに合わせて計画的に授業を行いたい。調べる目的や内容を明確にしておくことで、進んで公共図書館のことを知ったり、記録の仕方について考えたりするなど、子供一人一人が目的意識をもって本単元の学習に取り組めるようになるだろう。

［具体例］
○社会科や理科、総合的な学習の時間などの調べ学習に使う資料を検索、予約する。
○地域に関するデジタルアーカイブを閲覧したり、電子書籍を借りたりする。
○短歌、熟語の成り立ち等についての本を借りて、別の単元の学習の参考にする。

〈ICT の効果的な活用〉

調査：インターネット検索で地域の公共図書館のウェブサイトを調べることにより、自分が利用できる資料やサービスについて理解できるようにする。

［具体例］
○調べる際には、「どのような資料があるか」「公共図書館では何ができるか」「その他にどのようなサービスがあるか」といった視点をもたせることで、短時間で必要な情報を得られるように配慮する。また、調べた後はそれを全体で共有し、公共図書館の役割や特徴について考えられるようにするとよい。

本時案

公共図書館を活用しよう

本時の目標

・日常的に読書に親しみ、読書が自分の考えを広げることに役立つことに気付くことができる。

本時の主な評価

❶日常的に読書に親しみ、読書が、自分の考えを広げることに役立つことに気付いている。【知・技】

❷進んで公共図書館の役割や特徴について知り、学習課題に沿って利用してみたいものや本の記録の仕方について考えようとしている。【態度】

資料等の準備

・記録カード ⬇ 05-01

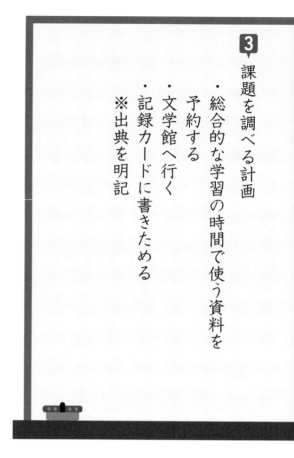

3 課題を調べる計画
・総合的な学習の時間で使う資料を予約する
・文学館へ行く
・記録カードに書きためる
※出典を明記

授業の流れ ▷▷▷

1 学校図書館と公共図書館の違いを知る 〈5分〉

T みなさんは、この地域にある○○図書館をどんなときに利用しますか。

・好きな本を予約して借りたことがあります。

・自由研究をするときに、調べるための本を借りました。

○「何のために」「どのように」などを問い返し、公共図書館の幅広い使い方に気付くことができるようにしていく。

T 公共図書館と学校の図書館とは、どんなところが違うでしょうか。教科書の例を読んで確かめましょう。

・本以外の資料。

・本の紹介コーナーやイベント。

・そういえば、○○図書館にも本の紹介コーナーがあるのを見たことがあります。

2 地域の公共図書館で利用できるサービスを調べる 〈25分〉

T この地域にある図書館にも、みなさんがこれから調べる課題に活用できるものがありそうですね。実際にどのような資料やサービスがあるのか、調べてみましょう。

○ ICT 端末を使って調べるようにする。

T 調べたことを発表しましょう。

○視点ごとに板書で整理する。

・地域についてのデジタルアーカイブがありました。

・他の図書館から取り寄せることができます。

ICT 端末の活用ポイント

「どのような資料があるか」「公共図書館では何ができるか」「どのようなサービスがあるか」という視点を示し、グループで分担して調べる。

公共図書館を活用しよう

1 公共図書館について知り、課題を調べる計画を立てよう。

・○○図書館を利用するとき
・好きな本を予約
・調べものをする

★公共図書館の特徴
・本以外の資料
・だれもが利用しやすい図書・機器
・イベント等

2

★○○図書館では……
・取り寄せて予約
・地域資料のデジタルアーカイブ
・電子書籍

←

---

3 記録の仕方を知り、課題を
調べる計画を立てる 〈15分〉

T　自分の課題を調べるために、図書館や地域の施設のどのような資料やサービスを使いたいですか。調べる計画を立てましょう。

○調べたことを整理し、まとめに役立てるための記録カードの書き方を知る。

○資料の整理や再確認だけでなく、著作権の面からも、出典を明記することが大切であることを伝える。

・総合的な学習の時間で使う調べ学習の資料が、学校の図書館よりもたくさん集められそうだ。予約して借りてみよう。

・文学館も活用したい。

・記録カードに書き溜めていけば、まとめがやりやすくなりそう。

1 第１時資料　記録カード ⊥ 05-01

記録カード	年　　組　名前（　　　　　　　　　　　）

月　　日

○調べること（できるだけ具体的に書く）

○調べる場所や方法

・

○分かったこと

○出典（本の題名、著者、出版社、発行年）

記録カード　　　年　　組　名前（　　　　　　　　　　）

月　　日

○調べること（できるだけ具体的に書く）

・この地域の名前の由来は何か。
・この地域にゆかりのある人物（偉人）には、誰がいるか。
・100年前と今では、どのように様子が違うのか。

○調べる場所や方法

・○○図書館で本を借りる。
・図書館のデジタルアーカイブを閲覧。

○分かったこと

・◇◇市は、江戸時代には□□という地名だった。
・明治時代に入って、◇◇と変わり、その後、市の名称となった。
・昔は■■を営む人が多く住んでいた。
・●●●●さんは、この地域出身である。

○出典（本の題名、著者、出版社、発行年）

・『○○県の歴史と文化』　△△△△監修　□□出版社　2020年

漢字の形と音・意味　2時間扱い

単元の目標

知識及び技能	・漢字の由来、特質などについて理解することができる。((3)ウ) ・第6学年までに配当されている漢字を読むとともに、漸次書き、文や文章の中で使うことができる。((1)エ)
学びに向かう力、人間性等	・言葉がもつよさを認識するとともに、進んで読書をし、国語の大切さを自覚して思いや考えを伝え合おうとする。

評価規準

知識・技能	❶漢字の由来、特質などについて理解している。(〔知識及び技能〕(3)ウ) ❷第6学年までに配当されている漢字を読むとともに、漸次書き、文や文章の中で使っている。(〔知識及び技能〕(1)エ)
主体的に学習に取り組む態度	❸進んで漢字の由来、特質などについて理解し、これまでの学習を生かして漢字を文や文章の中で使おうとしている。

単元の流れ

次	時	主な学習活動	評価
一	1	教師が提示した漢字9字（求、救、球、蔵、臓、脳、肺、腸、胃）の仲間分けをする。 漢字を仲間分けした理由を伝え合う。 学習の見通しをもつ 漢字の形（部分）と音、意味の関係に着目して漢字クイズをつくる見通しをもつ。 教科書 p.44 の設問1に取り組む。	❶
	2	教科書 p.45 の設問2に取り組む。 漢字辞典の部首索引や音訓索引を活用して漢字クイズを作成する。 作成した漢字クイズを解き合う。	❷❸

授業づくりのポイント

〈単元で育てたい資質・能力〉

　本単元のねらいは、漢字のへんやつくりといった形に着目し、同じ音を表す部分や同じような意味を表す部分を見付ける活動を通して、漢字の由来や特質などを理解し、そこで得た知識を今後の読字や書字に生かす力を育むことである。

〈教材・題材の特徴〉

　教科書では、1年「かん字のはなし」「にているかん字」、2年「同じぶぶんをもつかん字」、3年「へんとつくり」「漢字の意味」「漢字の音と訓（カンジーはかせの音訓かるた）」、4年「漢字の組み立て」、5年「漢字の成り立ち」、「同じ読みの漢字（カンジー博士の暗号解読）」と系統立てて学習し

てきている。本単元は、子供がこれらの単元で得た知識を生かし、漢字に対する見方を働かせ、漢字の形と音、意味の関係を見いだし、漢字の由来や特質などを理解することを目指す。そして、本単元の学びが新出漢字の読み方を考えたり、漢字を思い出せないときに音や意味から漢字の一部を推測したりする姿につながることを期待する。

〈言語活動の工夫〉

　本単元の言語活動として、「漢字クイズ」をつくることを設定した。教科書 p.44の設問 1 では漢字の形と音を問う問題、教科書 p.45設問 2 では同じ部分をもつ漢字を集め、意味を考える問題が設定されている。第 2 時では、教科書の設問を基に自ら問題を作成していく。子供の実態によっては、教師が教科書 p.44設問 1 のような問題のフォーマットを予め学習支援ソフトで作成し、配布するとよい。作成したクイズを解き合うことを通して、自分が調べなかった漢字の形と音、意味の関係を数多く知り、漢字の由来や特質に対する理解が深まることを期待する。また、教師が漢字クイズの出題方法を指定するのではなく、漢字の形と音、意味を使ってどのような漢字クイズができるのかを考える過程も大切にしたい。漢字を調べる際には、なるべく漢字辞典を手に取らせていきたいが、苦手な子供に対しては「同じ音を表す部分」をもつ漢字や「同じような意味を表す部分」をもつ漢字の一覧表を学習支援ソフトを通じて配布すると、スムーズに学習に取り組めるであろう。

[具体例]
○単元の導入では、子供に漢字 9 字（求、救、球、蔵、臓、脳、肺、腸、胃）を提示する。これらの漢字を仲間分け（漢字仲間分けクイズ）することにより、形と音、形と意味という見方を子供自らが発見する姿を大切にする必要がある。「求、救、球」はキュウと読み、漢字の形と音の仲間であること、「臓」においては、意味の上では「脳、肺、腸、胃」の仲間となり、音の上では「蔵」の仲間になるなど、子供の漢字に対する見方が広がる仕掛けがあるとよい。

〈ICT の効果的な活用〉

分類：単元の導入では、教師が提示した漢字 9 字を、学習支援ソフトを活用し 1 字ずつカードにして配布する。子供はカードを操作しながら漢字を分類したり、分類した理由を書いたりすることで、視覚的に分かりやすくまとめられるようになる。

共有：単元の導入で漢字を分類した際には、どのような視点で分類したのかを説明するときに画面を見せたり、共有機能を活用して、分類した理由を聞きたい相手を選んだりできるようにする。また、作成したクイズを共有することで、自分のクイズづくりの参考としたり、自分が取り組んでみたい問題を選んで解いたりすることができるであろう。

漢字の形と音・意味 1/2

本時案

本時の目標
・漢字を表す部分には音や意味を表すものがあることを理解することができる。

本時の主な評価
❶漢字を表す部分には音や意味を表すものがあることを理解している。【知・技】

資料等の準備
・漢字カード（求、救、球、蔵、臓、脳、肺、胃、腸）⤵ 06-01〜09
・漢字辞典

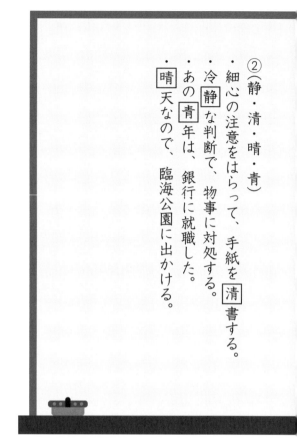

② （静・清・晴・青）
・細心の注意をはらって、手紙を 清 書する。
・冷 静 な判断で、物事に対処する。
・あの 青 年は、銀行に就職した。
・ 晴 天なので、臨海公園に出かける。

授業の流れ ▷▷▷

1 教師が提示した漢字の仲間分けをする 〈10分〉

○教師が提示した漢字9字（求、救、球、蔵、臓、脳、肺、胃、腸）を仲間分けする。

T 九つの漢字を仲間分けしてみましょう。どうしてその仲間になるのか理由も書きましょう。

・求、救、球。
・蔵、臓。
・臓、脳、肺、胃、腸に分けられます。

○仲間分けすることにより、形と音、形と意味という見方を子供自らが発見する姿を大切にする必要がある。「臓」においては、意味の上では「脳、肺、胃、腸」の仲間となり、音の上では「蔵」の仲間になるなど、子供の漢字に対する見方が広がる仕掛けがあるとよい。

2 仲間分けをした理由を伝え合う 〈20分〉

T どのように仲間分けしたのか、理由を伝え合いましょう。

○まずは、ペアで仲間分けした漢字を確認し、理由を伝え合う。その後に、全体で共有することで、自分の考えを伝える場を保証できるとよい。

・求、救、球は「キュウ」と読み、蔵、臓は「ゾウ」と読みます。
・臓、脳、肺、胃、腸は「月」という漢字が入り、体に関係しています。

ICT端末の活用ポイント

漢字9字を学習支援ソフトを活用し、1字ずつカードにして配布する。子供はカードを操作しながら漢字を分類できるようにする。

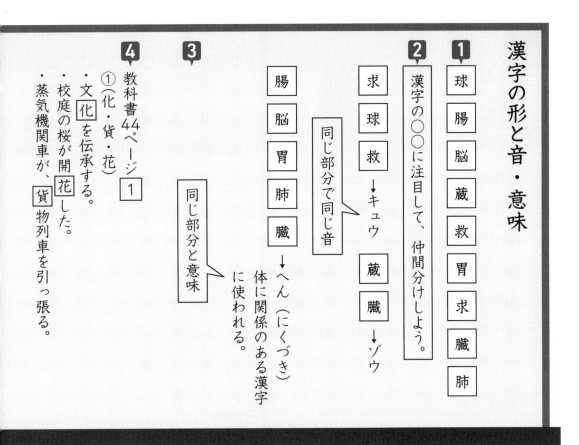

板書：漢字の形と音・意味

1
球 腸 脳 蔵 救 胃 求 臓 肺

2
漢字の○○に注目して、仲間分けしよう。

求 球 救 → キュウ
蔵 臓 → ゾウ

（同じ部分で同じ音）

3
腸 脳 胃 肺 臓 → へん（にくづき）
体に関係のある漢字に使われる。

（同じ部分と意味）

4
教科書44ページ①
①（化・貨・花）
・文化を伝承する。
・校庭の桜が開花した。
・蒸気機関車が、貨物列車を引っ張る。

3　漢字クイズをつくる見通しをもつ 〈5分〉

T　このように漢字には、音と意味を表す部分があるのですね。次時では、漢字の形と音、形と意味を使ってクイズをつくっていきます。クイズに生かせそうな漢字を探しながら問題を解いていきましょう。

○子供は様々な漢字に触れることで、同じ音を表す部分をもつ漢字は他にないか、既習の漢字の中に同じような意味を表す部分をもつ漢字はないかと考えをめぐらせているはずである。クイズづくりを通して、漢字に苦手意識をもつ子供に安心感が芽生えたり、自ら学びを創り出す面白さを感じたりする姿に期待したい。

4　教科書の設問1に取り組む 〈10分〉

T　今日は、漢字の形と音についての問題を解いていきましょう。

○教科書を読み、p.44の設問1に取り組ませる。ここでは、子供が共通の音をもつ部分があることを理解できているか確認する。問題に取り組む前に、音が共通する部分に○を付けさせるなど、学習内容を定着させる。

漢字の形と
音・意味

本時の目標

・同じ部分をもち、同じ意味をもつ漢字を見付け、問題文をつくることができる。

本時の主な評価

❷同じ部分をもち、同じ意味をもつ漢字を見付け、問題文をつくっている。【知・技】

❸学んだことを生かして、進んで漢字を文章の中で使おうとしている。【態度】

資料等の準備

・マス目のある紙
・漢字辞典

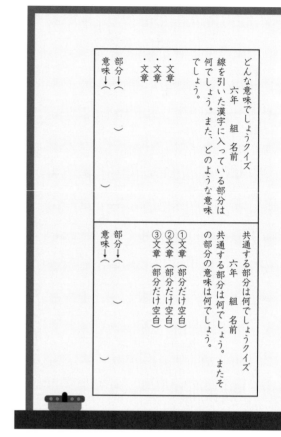

授業の流れ ▷▷▷

1 教科書の設問2に取り組む 〈10分〉

T 今日は、漢字の形と意味についての問題を解いていきましょう。

○教科書を読み、p.45の設問2に取り組ませる。ここでは、「うかんむり」「てへん」「りっしんべん」「りっとう」をもつ漢字を集め、部分が表す意味を考えた後、漢字辞典で確かめさせる。マス目のついた紙を配布し、「うかんむり」が付く漢字を交互に書かせるなど、楽しんで学習を進められるとよい。

・うかんむりが付く漢字は、「安」「守」「完」「家」「宙」などがあります。

・どういった意味があるのだろう。漢字辞典で調べてみてもいいですか。

・家屋や屋内の状況を表していると書いてあります。

2 漢字辞典の使い方を確認する 〈5分〉

T 漢字クイズに入る前に漢字辞典の使い方を確認しましょう。

○子供たちは、4年生で漢字辞典の使い方を学習しているが、国語辞典に比べ、使用頻度はあまり高くないことが多い。部首索引や音訓索引を使って漢字を調べていくことに慣れさせていく。

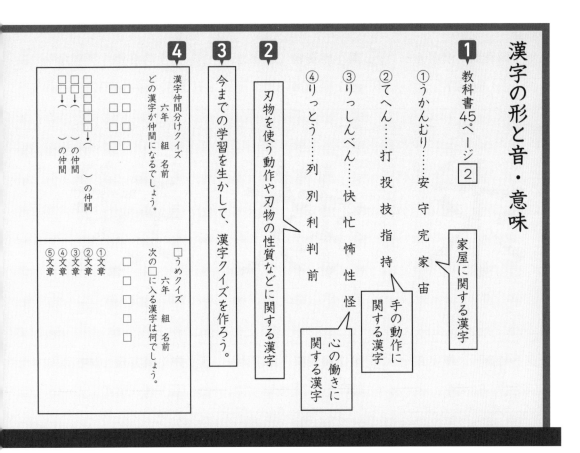

漢字の形と音・意味

1 教科書45ページ ②

① うかんむり……安 守 完 家 宙 → 家屋に関する漢字

② てへん……打 投 技 指 持 → 手の動作に関する漢字

③ りっしんべん……快 忙 怖 性 怪 → 心の働きに関する漢字

④ りっとう……列 別 利 判 前

2 刃物を使う動作や刃物の性質などに関する漢字

3 今までの学習を生かして、漢字クイズを作ろう。

4 漢字仲間分けクイズ
六年　　組　名前
どの漢字が仲間になるでしょう。
□□　□□　□□
□□　□□　□□

□→（　）→（　）
　　　（　）の仲間
□→（　）→（　）
　　　（　）の仲間

□うめクイズ
六年　　組　名前
次の□に入る漢字は何でしょう。
① 文章　□
② 文章　□
③ 文章　□
④ 文章　□
⑤ 文章　□

---

3 これまでの学習を生かして　漢字クイズをつくる　〈20分〉

T　これまでの学習を生かして、漢字クイズをつくりましょう。

○子供の実態によっては、漢字クイズのフォーマットを予め学習支援ソフトで作成しておき、配布するとよい。自分で出題方法を考えるのか、教師の作成したフォーマットを基にクイズを作成するのか、選択できるようにしておくと、主体的に学ぶ姿勢が育っていくであろう。

・漢字仲間分けクイズをつくろうかな。

・漢字神経衰弱をやってみよう。

ICT 端末の活用ポイント

教科書に載っている設問を参考に学習支援ソフトでフォーマットを作成し、配布するとスムーズに学習に取り組める。

4 作成した漢字クイズを解き合う　〈10分〉

T　作成した問題を解き合いましょう。

○子供が作成した漢字クイズを共有できるようにしておき、問題を解き合っていく。作成したクイズを解き合うことを通して、自分が調べなかった漢字の形と音、意味の関係を数多く知り、漢字の由来や特質に対する理解が深まっていくことを目指していく。

1 第1時資料　漢字カード（求）⤓ 06-01

求

2 第1時資料　漢字カード（救）⤓ 06-02

救

3 第1時資料　漢字カード（球）⤓ 06-03

球

4 第1時資料　漢字カード（蔵）⤓ 06-04

蔵

5 第1時資料　漢字カード（臓）⤓ 06-05

臓

6 第1時資料　漢字カード（脳）⤓ 06-06

脳

7 第1時資料　漢字カード（肺）⬇ 06-07

8 第1時資料　漢字カード（腸）⬇ 06-08

9 第1時資料　漢字カード（胃）⬇ 06-09

肺

腸

胃

春のいぶき （1時間扱い）

単元の目標

知識及び技能	・語句と語句との関係について理解し、語彙を豊かにするとともに、語感や言葉の使い方に対する感覚を意識して、語や語句を使うことができる。((1)オ)
思考力、判断力、表現力等	・目的や意図に応じて、感じたことや考えたことなどから書くことを選び、伝えたいことを明確にすることができる。(Bア)
学びに向かう力、人間性等	・言葉がもつよさを認識するとともに、進んで読書をし、国語の大切さを自覚して思いや考えを伝え合おうとする。

評価規準

知識・技能	❶語句と語句との関係について理解し、語彙を豊かにするとともに、語感や言葉の使い方に対する感覚を意識して、語や語句を使っている。(〔知識及び技能〕(1)オ)
思考・判断・表現	❷「書くこと」において、目的や意図に応じて、感じたことや考えたことなどから書くことを選び、伝えたいことを明確にしている。(〔思考力、判断力、表現力等〕Bア)
主体的に学習に取り組む態度	❸積極的に季節を表す語彙を豊かにし、これまでの学習を生かして俳句や短歌をつくろうとしている。

単元の流れ

次	時	主な学習活動	評価
一	1	二十四節気を知り、教科書に挙げられた俳句や短歌を音読したり、春にまつわる語句を集めたりする。	❶
		自分が伝えたい「春」についての俳句や短歌を創作し、グループで読み合い、感想を伝え合う。	❷❸

授業づくりのポイント

〈単元で育てたい資質・能力〉

　本単元のねらいは、二十四節気を中心とした季節を表す言葉に親しみ、語彙を豊かにしたり、語感や言葉に対する感覚を意識して使う力を育んだりすることである。現代は、気候変動の進行や行事に触れる機会の減少などにより、季節を感じられる機会が減っている。そのため、子供にとって、季節にまつわる言葉の語感を醸成したり、語彙を増やしたりすることが難しくなっていると言える。

　本単元では、二十四節気にある春の言葉や、俳句・短歌から、身の回りにある春についてのイメージを広げたり、子供自ら俳句や短歌を創作したりする。これらの活動を通して、季節の言葉の語感、調子やリズムに親しむことの楽しさに触れられるようにする。

〈教材・題材の特徴〉

　本教材は、二十四節気の暦の言葉について知り、季節感を味わうとともに、日本人古来の美意識や自然観について学ぶことのできるものである。言葉にまつわる写真やイラストを用いて情景を可視化し、子供の感性や情操を養うことをねらっている。

　更に、ここでは「春」について詠まれた俳句や短歌が2句1首挙げられている。四季折々の美しさが凝縮された作品の表現に親しみ、先人のものの見方や感じ方に触れる機会を大切にしたい。また、自ら俳句や短歌を創作することで、季節を感じつつ、言葉に対する感覚を磨くことができるようにする。

〈言語活動の工夫〉

　身の回りで感じた「春」を集め、春についてのイメージを膨らませたところで、日常の場面を切り取って俳句や短歌に表現する。自分が伝えたい「春」を、どのような言葉を使って表現するのか、必要に応じて思考ツールも使いながら考えを整理できるようにする。

　また、短歌の創作は未習のため、技巧的な指導は過度に行わないよう配慮する。比較的自由な発想で、日常生活の中の季節を感じる瞬間を切り取り、表現することができるようにする。集めた材料から何を使うか選択し、味わい深い作品となるよう、環境を整えて支援することを大切にしたい。

〈ICT の効果的な活用〉

共有：ICT 端末の撮影機能を用いて、身の回りの「春」について写真を撮り、共有してもよい。

春のいぶき

本時の目標
・「春」にまつわる語句に触れて語彙を豊かにし、伝えたいことを進んで俳句や短歌に表すことができる。

本時の主な評価
❶春に関する語句について、その語感や意味、使い方を理解し、使っている。【知・技】
・自分の身近な春について、集めた語句を使って俳句や短歌をつくっている。

資料等の準備
・二十四節気を表すイメージの写真（教科書 p.46・47のもの）
・歳時記等の季語を調べるための資料
・二十四節気の言葉カード

---

4 自分の身の回りの生活経験から想起させるとよい

○俳句や短歌を読み合い、感想を伝えよう。

ひな祭り
桜祭り ── サクラ
行事 ── 花
春
生き物 ── チューリップ
チョウ ── 入学式

授業の流れ ▷▷▷

1 二十四節気を知り、春にまつわる言葉に出合う 〈10分〉

T 教科書にある、春を表す二十四節気にある言葉を確かめましょう。

○写真を示しながら、二十四節気にある春の言葉について押さえていく。

○暦の上では2月頃から春であることに触れ、日常的に感じる春にまつわる感覚と違うことに気付かせたい。

○「立春」や「春分」といった耳慣れた語句に触れ、子供が興味・関心をもてるよう配慮する。

ICT 端末の活用ポイント
二十四節気にまつわるものでなくても、写真からイメージを共有することもできる。春にまつわる写真を事前に配布しておいてもよい。

2 俳句や短歌から、春の様子を想像する 〈10分〉

○教科書 p.46・47にある春の短歌や俳句を紹介し、音読しながら、言葉の調子や響き、リズムに親しむ。

T これらの短歌や俳句からは、どのような春の様子が想像できますか。

・雪が解けて春になる様子が浮かびます。

・二十四節気にあった言葉が使われています。「啓蟄」は、虫がはい出てくるイメージです。

○俳句は5・7・5音、短歌は5・7・5・7・7音であることに触れる。未習事項も含まれるので、音数に気を付けることを伝える程度でよい。

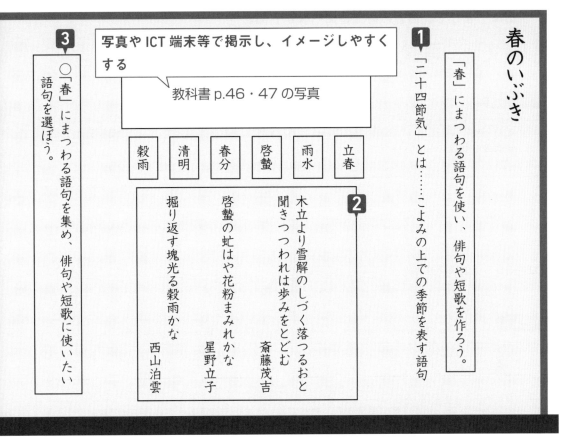

春のいぶき

1 「春」にまつわる語句を使い、俳句や短歌を作ろう。

「二十四節気」とは……こよみの上での季節を表す語句

3 写真やICT端末等で掲示し、イメージしやすくする

教科書 p.46・47の写真

| 穀雨 | 清明 | 春分 | 啓蟄 | 雨水 | 立春 |

2

木立より雪解のしづく落つるおと
聞きつつわれは歩みをとどむ
斎藤茂吉

啓蟄の虻はや花粉まみれかな
星野立子

掘り返す塊光る穀雨かな
西山泊雲

○「春」にまつわる語句を集め、俳句や短歌に使いたい語句を選ぼう。

---

3 春にまつわる語句を集め、俳句や短歌をつくる 〈15分〉

T 自分の生活を振り返り、春の風景や出来事などを思い出しましょう。イメージマップを活用して語句を集めるのもいいですね。

・入学式や始業式があったな。

・「春」の花といえば、桜、チューリップ……。桜を見に大きな公園へ行ったよ。

・虫が増えてきた気がする。使えそうだな。

○創作が難しい子供には、教科書にある俳句や短歌を視写したり、選んだ理由を述べさせたりしてもよい。

T 集めた語句の中から使いたいものを選び、俳句か短歌をつくってみましょう。

○俳句や短歌の表現技巧（切れ字、季語の数等）についての指導は、本時では行わないようにする。

4 友達と読み合い、感想を伝え合う 〈10分〉

T できた俳句や短歌を読み、感想を伝え合いましょう。

○できた俳句や短歌は、清書をして教室や廊下に掲示したり、書写の時間に半紙に書いたりして、作品として仕上げてもよい。

・公園の桜がきれいだったことが、よく伝わってきます。

・雪が解けて、だんだん暖かくなった日のことを思い出しました。

ICT端末の活用ポイント

学習支援ソフトを使い、作品を提出することも可能である。詠んだ場面の挿絵や写真をワンポイントで入れてもよい。

聞いて、考えを深めよう 〔6時間扱い〕

単元の目標

知識及び技能	・語感や言葉の使い方に対する感覚を意識して、語や語句を使うことができる。((1)オ) ・日常よく使われる敬語を理解し使うことができる。((1)キ)
思考力、判断力、表現力等	・話し手の目的や自分が聞こうとする意図に応じて、話の内容を捉えることができる。(A エ) ・話し手の考えと比較しながら、自分の考えをまとめることができる。(A エ)
学びに向かう力、人間性等	・言葉がもつよさを認識するとともに、進んで読書をし、国語の大切さを自覚して思いや考えを伝え合おうとする。

評価規準

知識・技能	❶語感や言葉の使い方に対する感覚を意識して、語や語句を使っている。(〔知識及び技能〕(1)オ) ❷日常よく使われる敬語を理解し使っている。(〔知識及び技能〕(1)キ)
思考・判断・表現	❸「話すこと・聞くこと」において、話し手の目的や自分が聞こうとする意図に応じて、話の内容を捉えている。(〔思考力、判断力、表現力等〕A エ) ❹「話すこと・聞くこと」において、話し手の考えと比較しながら、自分の考えをまとめている。(〔思考力、判断力、表現力等〕A エ)
主体的に学習に取り組む態度	❺インタビューを通して、話し手の思いを受け止め、自分の考えと比べながらまとめようと粘り強く取り組もうとしている。

単元の流れ

次	時	主な学習活動	評価
一	1	学習の見通しをもつ 学校に関わる人にインタビューをして、学校のよいところをまとめ、伝え合うという学習活動の見通しをもつ。	
	2	インタビューの相手を決め、知りたいことを明らかにする。	
二	3	インタビューの仕方や要点を確認し、準備をする。	❶❷
	4	インタビューをする。	❸❺
三	5	話を聞いて考えたことを伝え合う。	❹
	6	学習を振り返る インタビューを通して身に付けたことを押さえ、今後に生かそうとする。	❺

〈単元で育てたい資質・能力〉

　本単元のねらいは、大きく三つあると考える。

　一つは、インタビュー活動を通して、話し手の思いや考えに目を向け、受け止めさせることである。やり取りの中で語られた言葉から、事実と思いを区別しつつ、相手が伝えようとしていることを考えさせるようにする。

　二つには、話し手の思いと自分の考えを比べ、自分の考えをより深めるということである。「学校のよいところ」という同じ話題でも、立場が異なると見方や考え方も変わってくると予想される。相手の話を聞くことで視野を広げられるという経験をさせたい。今後の学習にも生きていくと考えられる。

　三つには、言葉を通して人の思いを受け止められるということに気付かせ、言葉のもつよさを認識させることである。インタビュー活動を通して、相手の言葉や表情からその思いを直に体感できる。

〈既習事項との関連〉

　5年時の教材「きいて、きいて、きいてみよう」では、学級のグループでインタビューし合うという学習活動を経験している。きき手、話し手、記録者に分かれて、互いの「きくこと」について意識したり、報告を聞くときの「きく」ことについて考えたりしている。この学習を生かし6年時では、学級外の大人にインタビューすることを想定している。関連するところとして「たずねるとき」のポイントを想起させ、押さえたい。

[参考]「たいせつ」たずねるとき（5年教科書 p.50）

・ききたいことをはっきりさせて、話の流れにそって質問する。

・話す人が伝えたいことを考えたり、内容を確かめたりする。

〈言語活動の工夫〉

　インタビューは相手が必要な活動であり、聞き手（インタビュアー）と話し手（インタビュイー）の共同作業である。相手と共によりよい対話の時間がつくり上げられるように支えたい。子供が聞き手の立場としてどれだけ話し手に寄り添って考え、インタビューしようとしたのかを評価し、自分たちでも考えさせるように工夫する。

　子供の希望を生かしながら、インタビューの場を設定したい。学校ボランティアや学校経営協力者、主事の方や調理に携わる方などと連携を取ることが必要であり、子供をグループにして役割を交代しながらインタビューさせることも考えられる。可能であれば、インタビューを複数回できるように設定し、前回気付いたことを生かす場をつくると、子供が成長を自覚でき、次の学習の意欲へとつながっていくと考えられる。子供の人数やグループ数によっては、単元の時間数の調整が必要である。見通しをもって柔軟に対応するようにする。

〈ICTの効果的な活用〉

　デジタル機器の発達によって、動画撮影がより身近で手軽になった。記録した動画を活用して、聞き手としての質問の仕方やインタビュー全体の流れを何度も再生し、確認したり振り返ったりできる。大いに活用したい。

記録：ICT端末のカメラ機能を用いて、インタビューの様子を動画撮影する。

表現：インタビューのリハーサル場面を動画撮影し、言葉の選び方や話し方を確認し、練習する。

共有：撮影した自分たちのインタビューの様子を振り返り、よかった点や改善点などを考え、整理する。

聞いて、考えを深めよう

本時の目標

・インタビューをして、学校のよいところを改めて考え、伝え合うという学習活動の見通しをもつことができる。

本時の主な評価

・インタビューをして、学校のよいところを改めて考え、伝え合うという学習活動の見通しをもっている。

資料等の準備

・特になし

4

（めあて）
◎学校に関わっている大人の人にインタビューをして、聞いたことや改めて考えたことを友達と伝え合おう。

常に目にできるよう掲示しておきたい

3

改めて、□□小学校のいいところを考える。

授業の流れ ▷▷▷

1 学習の見通しをもつ 〈10分〉

T 私たちの学校のよいところはどんなところだと思いますか。

・歴史があります。

・緑が多いです。

・給食がおいしいです。

T そのようなよいところには、どんな人が関わっているか考えてみましょう。

・この地域に長く住んでいる人かな。

・主事さんとボランティアさん。

・調理員のみなさんだと思います。

T どんな思いや考えをもって関わっているのか知りたいことを考え、インタビューをしましょう。

2 インタビューについて想起する 〈20分〉

T インタビューで知っていることはありますか。

・テレビでレポーターがしていました。

・野球の試合の後、ヒーローインタビューをしていました。

・5年生のときにやってみました。

○取材の一形式であること、話し手と聞き手の対話的なやり取りで構成されることを押さえる。

○参考「五年生で学んだこと」教科書 p.12

聞いて、考えを深めよう

1 学習の見通しをもちましょう。

◆□□小学校のいいところ→関わっている人
・百三十年の歴史がある。　→地域の人（卒業生）

・緑が多い。花が植えられている。
　→主事さん
　　園芸ボランティアの方

・給食がおいしい。
　→栄養士の先生
　　調理員の方

思い・考え　←

2

インタビューをして聞こう。

・聞きたいことを明確にもって聞く。（取材）
・話し手に時間をとってもらい、質問にこたえてもらう。
・話し手と聞き手でつくるもの。

3　学習のめあてをもつ　〈10分〉

T　インタビューをして聞いた学校への思いや考えをどのようにまとめたらよいでしょう。

・インタビューして聞いてきたことをお互いに交流できたらいいと思います。

・私たちも小学校最後の1年だから、改めて学校のいいところを考えて、伝えられるとよいと思います。

○発言を生かし、学級での学習のめあてを決める。

4　次時への見通しをもつ　〈5分〉

T　友達の話を聞くときと、立場や年齢の異なる人の話を聞くときでは、どのような違いがありますか。

・友達よりも丁寧な言葉遣いが必要だと思います。

・仕事をしている時間をもらわないといけないです。

T　インタビューを申し込んだり、質問の言葉を考えたりするなどの準備を進めていきましょう。

ICT 端末の活用ポイント

文書作成ソフトを使って、簡単な報告文をつくって練習させたり、あらかじめ冒頭部分を打ち込んでおいて文章を完成させたりして利用できる。

本時案

聞いて、考えを深めよう 2/6

本時の目標
・インタビューで知りたいことを明らかにできる。
・立場や年齢の違う人の話の聞き方について考えることができる。

本時の主な評価
・インタビューで知りたいことを明らかにしようとしている。
・立場や年齢の違う人の話の聞き方について考えようとしている。

資料等の準備
・特になし

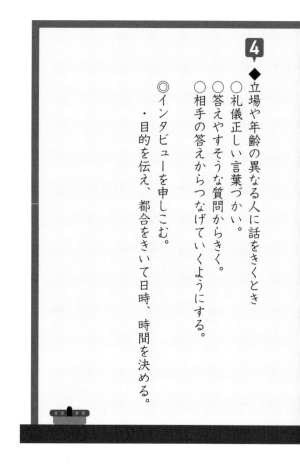

④
◆立場や年齢の異なる人に話をきくとき
○礼儀正しい言葉づかい。
○答えやすそうな質問からきく。
○相手の答えからつなげていくようにする。
◎インタビューを申しこむ。
・目的を伝え、都合をきいて日時、時間を決める。

授業の流れ ▷▷▷

1 インタビューの相手を決める 〈10分〉

○前時を想起させる。

T インタビューの相手を決めましょう。あなたが学校のよいところだと思うことについて、話を聞きたい相手を考えましょう。

・給食がおいしくて、いつもお世話になっている調理員さんにインタビューしたいと思います。

・図書室がいつもきれいでいいと思います。PTAの図書ボランティアの人にインタビューしたいです。

○できる限り子供の希望を優先したいが、あらかじめインタビューが可能な学校関係者の心づもりももっておきたい。

2 知りたいことを明確にして、自分の考えをもつ 〈15分〉

T どんな思いや考えを話してもらいたいですか。

・□□小学校のよさを、どんなふうに考えているのか聞きたいです。

・□□小学校の子供たちに期待することを聞いてみたいです。

○相手と学校の関わりを考えさせ、話題や質問を考えさせる。

T 聞きたいことに対する自分の考えをもつことも大切です。学校のよさについて自分の考えをノートに書いておきましょう。

聞いて、考えを深めよう

1

> 1　インタビューの相手を決めましょう。
> 2　知りたいことをはっきりとさせましょう。

◆インタビューの相手
・園芸ボランティアの方
・主事さん
・図書館司書さん
・図書ボランティアの方
・栄養士の先生
・調理員の方
・施設管理員の方
・地域学校協力委員の方

2

◆知りたいこと
・□□小学校への思いや考え

3

◎どんな質問をしたらくわしく聞けるだろうか。
○「いつから」……時期、きっかけ
○「どんな仕事」……関わり
○「どうして」……理由
○「□□小学校のよさ」……いいところ
○「どんな子どもたちになってほしいか」……今後の期待

3　どんな質問をしたらよいか考える　〈10分〉

T　具体的にどんな質問をすると話が聞けるのか考えましょう。
・何年ぐらい学校と関わっているのか知るために「いつから関わっているのか」と訊いたらどうかな。
・「どうして続けているのですか」と理由を訊くと、学校への思いが聞けるかもしれないと思います。
・最初は、答えやすい質問からするといいのではないかと思います。
T　話の流れを予想して、質問とその順番もメモしておきましょう。
○グループで相談させるとよい。

4　立場や年齢の異なる人に話を聞くときについて考える　〈10分〉

T　友達の話を聞くときと、立場や年齢の異なる人に話を聞くときではどのような違いがあるでしょう。
・目上の人だから、丁寧な言葉遣いで質問すると思います。
・できるだけ相手の目を見て、礼儀正しく質問したいと思います。
・仕事をしているから、インタビューの時間をつくってもらわないとできないです。
○課外で、それぞれがインタビュー相手に申し込みに行き、都合を聞いて日時を設定するようにしたい。

聞いて、考えを深めよう

本時の目標

・インタビューでの質問の仕方や聞き方で大事なことを理解し、敬語を使った話し方について考えることができる。

本時の主な評価

❶インタビューでの質問の仕方や聞き方で大事なことを理解している。【知・技】
❷敬語を使った話し方を実践している。【知・技】

資料等の準備

・特になし

受け止めてさらに考えるために。

○事実なのか、思いや考えなのか整理する。
○相手から何度も出てくる言葉に着目して考える。

3

◆インタビューの練習
・話の流れを予想して、友達どうしでやりとりをしてみよう。

授業の流れ ▷▷▷

1 本時のめあてを知る 〈5分〉

○前時を想起させる。「インタビューの目的と相手」「想定した質問例」「立場や年齢の異なる人に話を聞くとき、相手の思いや考えを引き出すために気を付けたいこと」

T 今日は、話し手の思いや考えを引き出すために質問の仕方や聞き方で大事なことは何かを考え、インタビューの準備をしていきましょう。

2 インタビュー例を見て確認する 〈20分〉

T 相手の思いや考えを引き出すために質問の仕方や聞き方で大事なことを、教科書 p.50〜51の桜井さんのインタビューの様子から考えましょう。

○動画を視聴する（教科書 p.50の QR コード）。

・相手の言葉を繰り返したり、言い替えたりして確かめています。

・相手の話から興味をもったことは、追加で質問したり、自分の考えを伝えたりして深めています。

○子供の発言を受けて、インタビューをするときに心がけるポイントを整理する。

○参考「インタビューをするときは」教科書 p.50

聞いて、考えを深めよう

1 インタビューで大事なことを確認し、準備をしよう。

2 ◆インタビューの質問の仕方や聞き方で大事なこと

話し手の思いや考えをくわしく引き出すために。

○確かめる。
・くり返す。
・言いかえる。
○くわしくきく。
・理由をきく。
・追加質問をする。
・自分の考えを伝える。
○聞き返されたとき
・説明を追加する。
・話し手の分かる言葉を選ぶ。

記録で振り返る

　インタビューの様子を動画で撮影し、振り返ることができるようにさせたい。実際にインタビューをする前に、友達同士で話の流れを想定し練習してみる。このときに、機器の操作の確認もしておきたい。声の大きさや音声を拾える範囲にも注意する。

　グループでインタビューを行うときには、事前に役割分担をしておく。
（例）
①聞き手（インタビュアー）
②記録（メモ・動画）
③計時（進行・アシスタント）等

---

3 インタビューを想定し練習する 〈20分〉

T 桜井さんのインタビューの様子を参考に、自分がするインタビューを想定して、友達とやり取りをして気付いたことを伝え合いましょう。

・できるだけ相手を見て、メモを見る時間を短くするといいと思います。
・質問する流れを頭に入れておくようにします。
・録画して振り返ってみよう。

ICT 端末の活用ポイント

録画機能を使って、想定インタビューの様子を撮影する。ここでは、内容よりも声の大きさや速さ、視線などについて振り返ってみることができると考えられる。

聞いて、考えを深めよう

本時の目標

・話し手の思いや考えを引き出すインタビューをしたり、振り返って考えたりすることができる。

本時の主な評価

❸話し手の思いや考えを引き出すインタビューをしたり、振り返って考えたりしている。【思・判・表】

❺インタビューを通して、粘り強く取り組み、話し手の思いを受け止めようとしている。【態度】

資料等の準備

・特になし

4

◆学習のまとめ
・分かったこと
・気付いたこと
・これからにつなげたいこと

など

◎答えをよく聞く。
◎答えから次の質問につなげる。
←

授業の流れ ▷▷▷

1 本時の学習のめあてを確認する 〈5分〉

T　今日は、実際にインタビューをします。インタビューをした後、よかった点や次につなげる改善点について話し合いましょう。

○本時の中でインタビューできる場合は、そのようにする。都合がつかない場合は、課外でインタビューしたり、同時並行でインタビューを実施したりする。その際は、授業の中で動画を視聴できるようにしておく。

○インタビューは話し手と共につくり上げるため、都合のつく時間帯やインタビュー内容などについても柔軟に対応できるよう心づもりをもっておく。

○グループ数によって、インタビューを視聴する時間の調整が必要である。

2 インタビューをする 〈10分〉

T　Aグループの人、インタビューを始めてください。

○話し手に学習の目的を伝え、事前に録画の了承を得ておく。

○着席できる場所、動画記録できるような機器を事前に用意しておく。

・本日はよろしくお願いいたします。早速ですが、○○さんはいつから図書ボランティアをなさっているのですか。

・話し手：3年前からです。

・3年前からというと、私たちが3年生のときからですね。図書ボランティアを始めた理由を教えてください。

聞いて、考えを深めよう

1
インタビューをして、よい点や次につなげる改善点について話し合う。

2
◆ 今日のインタビュー
① 図書ボランティアの方とAグループ
② 園芸ボランティアの方とBグループ

3
◆ インタビューをふり返って気付いたこと

○ よかった点
・話し手の言葉を繰り返して言って、確かめていた。
・話題にそって、理由を聞いていた。

● 次につなげたい改善点
・次の話題の質問にすぐに行ってしまい、くわしくきけなかった。

---

3 インタビューについて話し合う 〈20分〉

T　インタビューの様子を振り返って、よかった点や次につなげる改善点について気付いたことを話し合いましょう。

○動画を流して確認できるようにしておく。

○話し手は基本的に同席不要と考える。

・話し手の言葉を繰り返して言って、確かめていてよかったと思います。

・話題に沿って理由をきいたのに、すぐに次の質問をしてしまい、詳しくきけませんでした。

T　どのようにしたらよいと思いますか。

・話し手の答えをよく聞いて、話し手の答えから次の質問につなげるとよいと思います。

4 インタビューについて振り返り、学習のまとめを書く 〈10分〉

T　次のインタビューで生かせるように、今日のインタビューで気付いたことをノートに書いてまとめましょう。

○インタビューの機会を複数設定できると、生かす機会があって望ましい。インタビューのグループ数によっては、単元全体の時間を調整することが必要である。本単元のみで難しい場合は、他教科との連携や長期的に見て、インタビューの機会を設定するようにしたい。

ICT端末の活用ポイント

本時では、録画機能を使って、インタビューの様子を撮影する。記録の役目とともに聞き手としての自分たちの様子を振り返ることができる。

聞いて、考えを深めよう ⑤/⑥

本時の目標

・話し手の考えと比較しながら、自分の考えをまとめ、伝え合うことができる。

本時の主な評価

❹話し手の考えと比較しながら、自分の考えをまとめ、伝え合っている。【思・判・表】

資料等の準備

・特になし

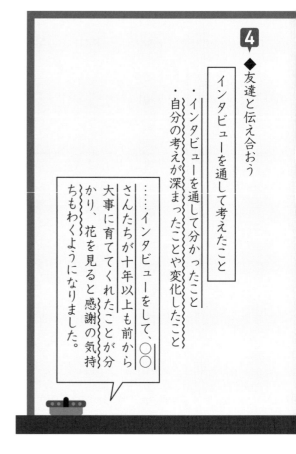

（板書）
4 ◆友達と伝え合おう

インタビューを通して考えたこと
・インタビューを通して分かったこと
・自分の考えが深まったことや変化したこと

……インタビューをして、○○さんたちが十年以上も前から大事に育ててくれたことが分かり、花を見ると感謝の気持ちもわくようになりました。

授業の流れ ▷▷▷

1 学習のめあてを知る　〈5分〉

T　はじめに考えていた自分の考えが、インタビューを通してどう深まったり、変化したりしたのかを確かめ、友達と伝え合いましょう。

○前時の振り返りやメモを手がかりとして、インタビューを想起させる。インタビュー動画も適宜活用したい。

T　インタビューで相手の思いや考えを聞くことはできましたか。

・私は、知らなかったことがたくさんありました。

・みんなのためを考えて行動してくれる人がいることを知りませんでした。

2 インタビューを通して考えたことをまとめる　〈10分〉

T　インタビューを通して知ることができた事実と話し手の思いや考えを整理しましょう。

○どのような言葉に着目すると「事実」と「思いや考え」を整理できるか考えさせる。一つのインタビューを例として取り上げると考えやすい。

・「〜思います。」「〜楽しいです。」は思いや考えが表されているから、文の最後の言葉に着目して考えるとよいと思います。

・気持ちを表す言葉が出てきたら、それは、思いを表していると分かります。

・事実は、「〜です。」「〜ます。」とはっきり言い切っていることが多いですね。

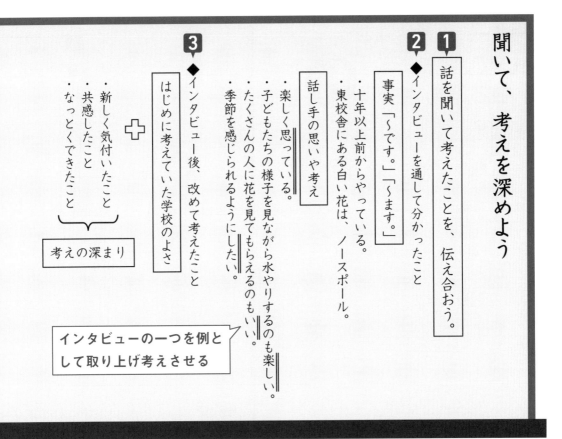

聞いて、考えを深めよう

1 話を聞いて考えたことを、伝え合おう。

2 ◆インタビューを通して分かったこと

事実「〜です。」「〜ます。」

・十年以上前からやっている。
・東校舎にある白い花は、ノースポール。

話し手の思いや考え

・季節を感じられるようにしたい。
・たくさんの人に花を見てもらえるのもいい。
・子どもたちの様子を見ながら水やりするのも楽しい。
・楽しく思っている。

3 ◆インタビュー後、改めて考えたこと

はじめに考えていた学校のよさ

＋

・新しく気付いたこと
・共感したこと
・なっとくできたこと

｝考えの深まり

インタビューの一つを例として取り上げ考えさせる

---

3 自分の考えの深まりを意識する 〈15分〉

T　インタビューの前に一人一人が学校のよさを考えていました。はじめの自分の考えと比べて、深まったり変化したりしたところに着目して考えてみましょう。

○新しく気付いたこと、共感したこと、納得できたことを取り入れて考えを深める。

・前は、ただ緑がたくさんあって、花がきれいだとしか思っていませんでした。インタビューをして、○○さんたちが10年以上も前から大事に育ててくれたことが分かってから、花を見ると感謝の気持ちも湧くようになりました。

4 考えがどう深まったのか分かるように話す 〈15分〉

T　インタビューを通して考えたことを伝え合いましょう。自分の考えが深まったり、変化したりしたのが分かるように話しましょう。

○相手を変えて複数回話すようにする。自信をもって話せるようになったり、友達の話からよさを見習ったりできる。

○時間があれば、話したことをメモしておき、次時につなげるようにする。

本時案

聞いて、考えを深めよう 6/6

本時の目標

・学習を振り返り、インタビューを通して理解したことを確認し、今後に生かそうとすることができる。

本時の主な評価

❺学習を振り返り、インタビューを通して理解したことを確認し、今後に生かそうとしている。【態度】

資料等の準備

・特になし

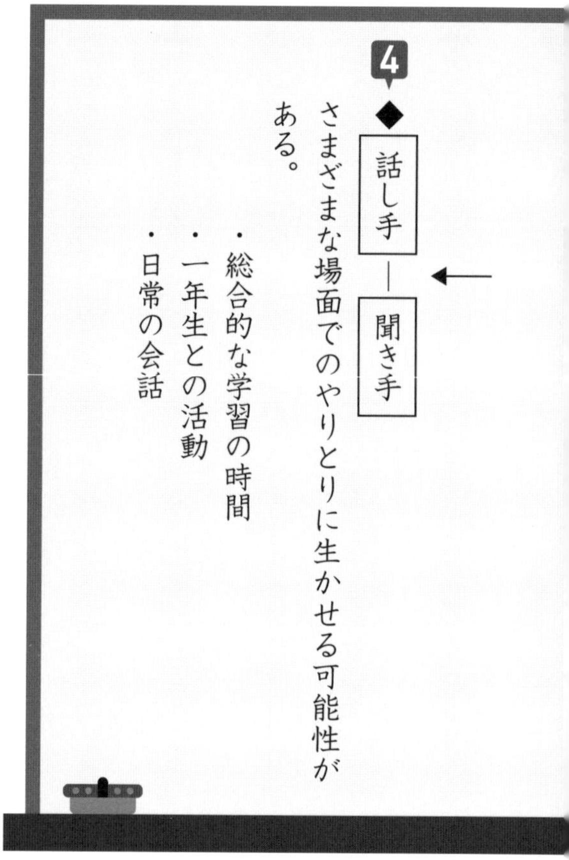
4
◆話し手―聞き手
さまざまな場面でのやりとりに生かせる可能性がある。
・総合的な学習の時間
・一年生との活動
・日常の会話

授業の流れ ▷▷▷

1 学習のめあてを知る 〈5分〉

T　この学習全体を通して学んだことをまとめましょう。インタビューを通して自分の考えがどう深まったり、変化したりしたのか、またこれから人と話したり聞いたりしていくときに意識していくとよいことを考えて、まとめましょう。

○質問メモやインタビューの記録、動画など見返せるように用意させる。

2 インタビューを通して考えたことを書く 〈10分〉

T　前時で、インタビューを通して考えたことを伝え合いました。自分の考えがどう深まったり、変化したりしたのか話したことをノートに書きましょう。

○インタビュー協力者に学習成果として、協力へのお礼と報告を兼ねて渡すことができる。子供にもそのつもりで書くように伝える。

T　インタビューに協力してくださった方にも学習の成果として届けたいと思います。

・インタビューで考えが深まったところが分かるように書こう。

・読みやすい字になるよう丁寧に書こう。

聞いて、考えを深めよう

1 学習のまとめをしよう。

2 ◆学習の成果をノートに書く。
・インタビューを通して分かったこと
・自分の考えが深まったことや変化したこと

> ……インタビューをして、○○さんたちが十年以上も前から大事に育ててくれたことが分かり、花を見ると感謝の気持ちもわくようになりました。

3 ◆学習感想を交流して次に生かそう。

よかったこと
・年上の人にインタビューできた。
・みんなのための工夫を知ることができた。

次につなげたいこと
・言葉につまってしまった。──敬語
・いろいろな人の話を聞いてみたい。

> 子供の発言を使って整理する

> 前時の板書として提示したものを再掲する

---

3 学習感想を交流し、成果と課題を共有する 〈20分〉

T 学校に関わる大人の方にインタビューをしました。どのような感想をもちましたか。また、他の人の話を聞くときに生かせることについて考えましょう。

・年上の人に初めてインタビューをしました。言葉遣いに気を付けて話すようにしました。言葉に詰まってしまうことがあったので、その場に合った話し方ができるようになりたいと思いました。

・私たちのためを考えて工夫してくださっている方がいることに気付きました。これからも、いろいろな人の話を聞きたいと思いました。

4 学習のまとめをする 〈10分〉

T インタビューは、聞き手と話し手でやり取りを積み重ねていきます。普段私たちが話すときと共通することもあります。インタビューを通して学習したことを、生かしていきましょう。

・総合的な学習の時間でゲストティーチャーが来たときにインタビューすることができそうです。

・年上の人ではなく、年下の人にもインタビューしてみたいです。

・学習したことをインタビューさせていただいた人に伝えてお礼を言いたいです。

○課外の時間を使って、それぞれのインタビュー協力者に学習の成果を届け、感謝の気持ちを伝えさせたい。

漢字の広場① 〔1時間扱い〕

単元の目標

知識及び技能	・第5学年までに配当されている漢字を書き、文や文章の中で使うことができる。（(1)エ）
思考力、判断力、表現力等	・書き表し方などに着目して、文や文章を整えることができる。（B(1)オ）
学びに向かう力、人間性等	・言葉がもつよさを認識するとともに、進んで読書をし、国語の大切さを自覚して思いや考えを伝え合おうとする。

評価規準

知識・技能	❶第5学年までに配当されている漢字を書き、文や文章の中で使っている。（〔知識及び技能〕(1)エ）
思考・判断・表現	❷「書くこと」において、書き表し方などに着目して、文や文章を整えている。（〔思考力、判断力、表現力等〕B(1)オ）
主体的に学習に取り組む態度	❸積極的に第5学年までに配当されている漢字を使い、これまでの学習を生かして出来事を伝える記事を書こうとしている。

単元の流れ

次	時	主な学習活動	評価
一	1	漢字の読み方を確認する。 例文を使って教科書の挿絵と漢字を照らし合わせる。町で起こっているいろいろな出来事を想像する。 漢字を適切に使って、町の出来事を伝える新聞記事を書く。 書いた記事を読み合う。	❶❷ ❸

授業づくりのポイント

〈単元で育てたい資質・能力〉

　本単元のねらいは、5年生までに学習した漢字を正しく読んだり書いたりし、文や文章の中で適切に使う力を育むことである。

　「漢字の広場」の学習は、1年間で6回設定されている。いずれも配当時間が1時間のため、あまりじっくり取り組むことができないと捉えるのか、既習の漢字に着目できる貴重な時間と捉えるのか、授業者の捉え方によって子供の学習効果には大きな差異が生じる。子供たちが意欲的に学習に取り組み、既習の漢字の定着や表現力の向上が実感できる単元としたい。

〈教材・題材の特徴〉

　町のあちこちでいろいろな出来事が起こっている様子をイラストと言葉で表している。5年生までに習った漢字を適切に使いながら、出来事を記事にして、町の人に伝えていく。教科書の挿絵や言葉

を手がかりに、どのような出来事が起こっているのか、自分の経験を想起しながら豊かに想像できる教材である。

〈言語活動の工夫〉

　本単元では、「町のあちこちで起きた出来事を伝える新聞記事を作成する」という言語活動を設定する。１人の子供が、ここで示されている言葉を全て使用する必要はない。様子を表している挿絵をよく見て、そこでは何が起こっているのかを捉え、その文脈に沿って言葉を使うことが大切である。記事にするためには、文脈に応じて言葉を補うことも必要となるだろう。適切な記事になっているかは、ペアあるいはグループで確かめながら進めるとよい。多くの漢字を使うことよりも、既習の漢字を適切に使うことを重視していきたい。

［具体例］
○どのような文章がよいのか、推敲の観点を明確にする。子供は、様子を豊かに想像し、詳しく書こうとすると、一文が長くなったり、主述の関係にズレが生じたりする傾向にある。「一文は短く書けているか」「主語と述語は対応しているか」などの観点を明確にすることで、自分や友達の書いた文章の何に着目して推敲していくべきかをきちんと理解させたい。
○記事を書く活動の中で、必要に応じて、ペアやグループで記事を読み合う時間を設けるようにしたい。言葉の使い方についての正否はなかなか自分一人では確認することができない。友達からの指摘やアドバイスが有効に機能するだろう。また、友達が書いた文章と自分の書いた文章を比較することで、友達や自分の文章のよさに気付き、自分の文章に取り入れようとする姿や、自分の書いた文章に自信をもつ姿も生まれるであろう。

〈ICT の効果的な活用〉

共有：町の出来事のどこに注目するのか、どれを大きな記事にするのかなど、子供によって着目点が異なり、新聞記事には個性が発揮されるであろう。でき上がった新聞を ICT 端末で写真に撮り、学習支援ソフトで共有することで、表現の仕方や同じ漢字でも使い方が違うことなどに気付き、単なる漢字学習にとどまらない学びが広がることに期待ができる。

漢字の広場①

本時の目標

・第5学年までに配当されている漢字を書き、出来事を説明する文や文章の中で使うことができる。

本時の主な評価

❶第5学年までに配当されている漢字を書き、文や文章の中で使っている。【知・技】
❷書いた文章を読み直し、表現の適切さを確かめている。【思・判・表】
❸第5学年までに配当されている漢字を積極的に使い、これまでの学習を生かして出来事を伝える記事を書こうとしている。【態度】

資料等の準備

・新聞を書く用紙
・国語辞典、漢字辞典

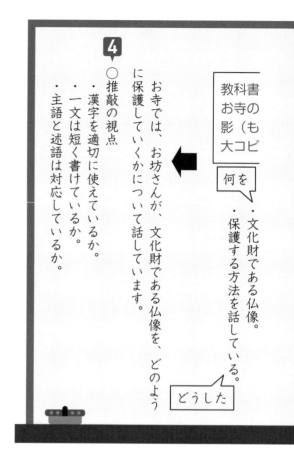

教科書
お寺の
影（も
大コピ

何を
・文化財である仏像。
・保護する方法を話している。

どうした

4

お寺では、お坊さんが、文化財である仏像を、どのように保護していくかについて話しています。

○推敲の視点
・漢字を適切に使えているか。
・一文は短く書けているか。
・主語と述語は対応しているか。

授業の流れ ▷▷▷

1 5年生で習った漢字の読み方を確認する 〈5分〉

○教科書 p.52を黒板に投影し、漢字の読み方を確認する。ランダムに指し示したものを子供に読ませるなど、学級全体で声を出し、漢字の読み方を定着させる。

T 教科書を見て、漢字の読み方を確認しましょう。

○漢字の意味を問うたり、書き順を確認したりするなどの活動を取り入れてもよい。

2 町で起こっているいろいろな出来事を想像する 〈5分〉

○教科書の例文や教師のモデル文を参考にして、挿絵と漢字を照らし合わせていくことで、「出来事を記事にする」というイメージをもたせる。

T 町のあちこちで起こっているいろいろな出来事を想像してみましょう。

○文章を書くための材料を集めていく活動であるため、自分の経験を想起したり、ニュースなどで見聞きしたりしたことを基に想像を膨らませることが大切である。

○挿絵から想像できることを何人かに発表させてもよい。

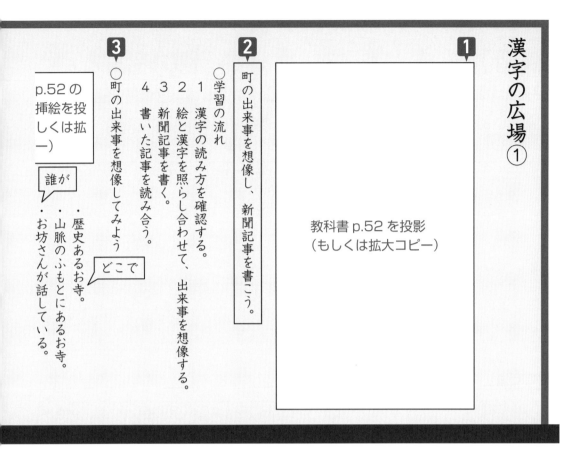

1 漢字の広場①

教科書 p.52 を投影
（もしくは拡大コピー）

2
○町の出来事を想像し、新聞記事を書こう。

○学習の流れ
1 漢字の読み方を確認する。
2 絵と漢字を照らし合わせて、出来事を想像する。
3 新聞記事を書く。
4 書いた記事を読み合う。

3
○町の出来事を想像してみよう

誰が
・歴史あるお寺。
・山脈のふもとにあるお寺。
・お坊さんが話している。

どこで

p.52の挿絵を投しくは拡一）

---

3 漢字を適切に使って文や文章を書く　〈25分〉

T　5年生で習った漢字を適切に使って、新聞記事を書きましょう。

○新聞を書き始める前に、留意点を確認する。
　・割り付けを考える。
　・見出しを設ける。
　・必要に応じてイラストを描く。
　・常体で書く。

○新聞を書く用紙は、数パターン用意しておくとよい。あくまで漢字を用いた文や文章を書くことが目的であるため、罫線を引くなどの作業は省けるようにする。

ICT 端末の活用ポイント

書き出せない子供に対して、教師が作成したモデル文や友達のよい文章を学習支援ソフトで共有することで、学びへの抵抗感を少なくする。

4 書いた記事を読み合う　〈10分〉

T　友達が書いた記事を読んで、漢字の使い方を確認しましょう。

○記事を読み合う際には、推敲の視点を明確にすることが大切である。
　・漢字が適切に使われているか。
　・一文は短く書けているか。
　・主語と述語は対応しているか。

などの視点で、自分や友達が書いた記事を読み直し、必要に応じて加筆・修正していく。

○友達の新聞記事を読み、気付いたことを伝え合う。

ICT 端末の活用ポイント

でき上がった新聞を ICT 端末で写真に撮り、学習支援ソフトで共有する。表現の仕方や同じ漢字でも、使い方が違うことなどに気付かせる。

［練習］笑うから楽しい／時計の時間と心の時間／［情報］主張と事例 （7時間扱い）

単元の目標

知識及び技能	・原因と結果など情報と情報との関係について理解することができる。（(2)ア） ・文章の構成や展開、文章の種類とその特徴について理解することができる。（(1)カ）
思考力、判断力、表現力等	・事実と感想、意見などとの関係を叙述を基に押さえ、文章全体の構成を捉えて要旨を把握することができる。（C(1)ア） ・文章を読んで理解したことに基づいて、自分の考えをまとめることができる。（C(1)オ）
学びに向かう力、人間性等	・言葉がもつよさを認識するとともに、進んで読書をし、国語の大切さを自覚して思いや考えを伝え合おうとする。

評価規準

知識・技能	❶原因と結果など情報と情報との関係について理解している。（〔知識及び技能〕(2)ア） ❷文章の構成や展開、文章の種類とその特徴について理解している。（〔知識及び技能〕(1)カ）
思考・判断・表現	❸「読むこと」において、事実と感想、意見などとの関係を叙述を基に押さえ、文章全体の構成を捉えて要旨を把握している。（〔思考力、判断力、表現力等〕C(1)ア） ❹「読むこと」において、文章を読んで理解したことに基づいて、自分の考えをまとめている。（〔思考力、判断力、表現力等〕C(1)オ）
主体的に学習に取り組む態度	❺言葉がもつよさを認識するとともに、主張を述べた文章を読み、自分の考えを伝え合おうとしている。

単元の流れ

次	時	主な学習活動	評価
一	1	学習の見通しをもつ 教科書 p.53 を読んで、学習の見通しをもち、学習課題を設定する。	
	2	教材文「笑うから楽しい」を読み、文章の構成や展開、筆者の主張とそれを支える事例の関係に着目して読む。	❷
二	3	教材文「時計の時間と心の時間」を読み、文章全体の構成を捉える。	❶
	4	前時の学習を想起しながら、筆者の主張とそれを支える事例の関係を考えて読む。	❸
	5	筆者が複数の事例を示した意図やその効果を考えながら読む。	❸
	6	筆者の主張に対する自分の考えをまとめる。	❹

三	7	学習を振り返る	
		自分の考えをグループで伝え合い、交流する。	❺
		教材文「主張と事例」を読み、身に付けた力を振り返り、今後に生かす視点をもつ。	

授業づくりのポイント

〈単元で育てたい資質・能力〉

　本単元のねらいは、筆者の主張とそれを支える事例との関係について着目し、その事例が取り上げられた意図や主張を支える効果について考え、理解することである。

　教材文「時計の時間と心の時間」で取り上げられている事例は、大きく二つに分けられる。一つは、実験や調査によって明らかにされていること、もう一つが、経験や現状に基づいて示されていることである。教材文の事例がどちらに属するのかを把握させ、筆者がどのような意図をもってその事例を挙げたのか考えさせたい。また、その事例を取り上げることの効果についても考えさせたい。

　単元の最後には、読み深めた筆者の主張に対して、共感や納得、疑問や反対など自分の考えをまとめる学習をする。その際に、自分の考えを支える事例を使うなどして、学習したことを生かしまとめさせるようにする。

〈教材・題材の特徴〉

　本単元は、三つの教材文で構成されている。それぞれの教材文を効果的に使い学習させたい。

・[練習] 笑うから楽しい：見開き1ページで、文章全体の構成を把握しやすい。次の教材文を読む際のポイントとなることをここで把握させておくとよい。①の「例えば〜」は、事例としては小さいものだが、実際の経験や現状に基づいた例として取り上げておきたい。事例の有無によって、分かりやすくなったり、納得しやすくなったりする効果を理解させるようにする。

・時計の時間と心の時間：本単元の中心となる教材文である。「時間」に関する事例や言葉が様々に出てくるため、「心の時間」「時計の時間」を整理し、どの時間についての事例なのかをきちんと把握できるようにさせたい。二つの実験の内容と結果、それによって筆者は何を伝えようとしているのかを考えさせるようにする。

・[情報] 主張と事例：「時計の時間と心の時間」の文章構成図が掲載されている。一目で分かる図なので、文章全体の構成を捉えた後、学習の振り返りなどに利用できる。事例の性質と活用の仕方があり、情報を発信するときの視点で書かれている。発展として利用できる話題も提示されている。

〈言語活動の工夫〉

　学校や地域の図書館と連携し、「時間」や「脳の働きの特性」についての本や資料を使えるようにしておく。それにより、複数の情報を調べて、比較したり、関連付けたりして検討することができる。また、自分の主張を支える実験結果や調査の資料等を探して、事例として取り上げる活動も積極的に取り組む工夫もできる。

〈ICTの効果的な活用〉

調査：教材文の内容と関係する話題、「時間」「脳の働きの特性」について、調べる。どんな事例を挙げて紹介されているか調べる。

表現：文書作成ソフトやプレゼンテーションソフトを使って、自分の考えをまとめる。

共有：学習支援ソフトを使って、グループや学級全体などで互いの考えを閲覧し、交流できるようにする。考えを書く過程でも互いに参考にし、学び合う活動にもできる。

［練習］笑うから楽しい／時計の時間と心の時間／［情報］主張と事例 ①/7

本時の目標
・学習の見通しをもち、学習課題を設定することができる。

本時の主な評価
・学習の見通しをもったり、今まで学習してきたことを想起したりしている。

資料等の準備
・特になし

```
←    ど
も    ん
、    な
筆    事
者    例
の    が
考    取
え    り
が    上
表    げ
れ    ら
る    れ
。    て
      い
      る
      か
      に
```

授業の流れ ▷▷▷

1 学習のめあてを知る 〈5分〉

T 説明する文章を学習しましょう。

○教科書 p.53を読む。

T 筆者の主張と事例の関係を捉えながら読み、主張に対する自分の意見をまとめ、友達と伝え合いましょう。

○三つの教材文を学習することを確認する。

○題名や扉の絵、リード文から「心の動き」「時間」について話題にし、興味を喚起する。

○生活での経験を振り返りながら読む視点を示す。

2 学習の見通しをもつ 〈10分〉

T 「笑うから楽しい」を読んで、学んだことを生かしながら「時計の時間と心の時間」を読み、進めていきましょう。

○学習の流れを示す。今後の学習の際、目にできるように掲示や保存をしておくとよい。

T 筆者の主張を読み取ったら、それに対する自分の考えをまとめます。自分の経験と関連付けてまとめられるようにしましょう。

○自分の考えをもち、整理しながら読み進めるという見通しをもたせたい。

1 主張と事例の関係をとらえ、自分の考えを伝え合おう

2
◇[情報] 主張と事例
◎時計の時間と心の時間
○[練習] 笑うから楽しい

4
〈学習計画〉
1 今まで学習したことを思い出す。
2 「笑うから楽しい」を読む。
　・主張と事例の関係に着目する。
3 「時計の時間と心の時間」を読む。
　・主張と事例の関係を考える。
4 主張に対する自分の考えを書く。
5 グループで交流し、学習を振り返る。

3
〈説明する文章で学習したこと〉
・筆者の考えは、文章の初めや終わりに書いてあることが多い。
・事例や理由が書かれている。

---

3 説明する文章で学習したことを想起する　〈20分〉

T　説明する文章で今までに学習したことを思い出してみましょう。どんなことを学習しましたか。

・筆者の考えは、文章の初めや終わりに書いてあることが多かったです。

・「初め・中・終わり」の文章構成を学習しました。

・事例や理由が挙げられていました。

○教科書 p.14「五年生で学んだこと（説明する文章）」参照。

T　どんな事例が取り上げられているかにも筆者の考えが表れてきます。

4 次時の見通しをもつ　〈10分〉

T　次は、「笑うから楽しい」から筆者の主張を事例に気を付けながら読んでいきます。

○題名から経験を想起したり、一読してみたりするとよい。主張に関連する自分の経験を思い出しておくと、次時の学習がよりスムーズになる。

[練習] 笑うから楽しい ②/7

本時の目標
・文章の構成や展開、筆者の主張とそれを支える事例の関係に着目して読むことができる。

本時の主な評価
❷文章の構成や展開、筆者の主張とそれを支える事例の関係に着目して読んでいる。【知・技】

資料等の準備
・特になし

4 | **3**

```
           ①筆者の主張
      ┌────────┴────────┐
   ③事例2            ②事例1
      └──────┬──────┬──────┘
   分かり    ④筆者の主張    説得力
   やすく                  が増し
   なった。               た。
```

子供の発言を生かして板書を構成する。途中、空白部分があっても厭わず、最終的に全体の構成を把握できるようにしたい

授業の流れ ▷▷▷

1 学習のめあてを確認する 〈5分〉

T 「笑うから楽しい」を読んで、次の「時計の時間と心の時間」の学習に生かしましょう。

T みなさんは、どんなときに笑いますか。

・面白いことがあったとき。

・お笑い番組を見たとき。

・楽しいことがあったら笑います。

T 「楽しいから笑う」のですね。でも、この文章では、反対になっています。「笑うから楽しい」です。筆者の中村さんは、どんなことを主張しているのか読みましょう。

2 筆者の考えがどの段落に書かれているか考える 〈10分〉

T 筆者の考えは、どの段落に書かれていますか。

・最初と最後に書かれていることが多かったな。この文章もそうかもしれない。

・第1段落に書いてあります。体の動きと心の動きが密接に関係していると言っています。

・第1段落の「しかし」の後で、体を動かすことで心を動かすことができると特に主張しています。

・第4段落で、同じことを言い替えて主張しています。読者へ行動の提案もしています。

主張と事例の関係をとらえ、自分の考えを伝え合おう

1 ▶
[2] 「笑うから楽しい」を読む。
・主張と事例の関係に着目する。

2 ▶
① 筆者の主張
体の動きと心は密接に関係している。
・「心の動き←体の動き」
・「体の動き←心の動き」もできる。

② 事例1　実験
・笑っているときの表情→愉快な気持ち
体の動き→心の動き

③ 事例2　調査結果
・表情→呼吸の変化→脳内の血液温度の変化

④ 筆者の主張
体の動きと心は密接に関係している。
・笑顔から楽しい気持ちをつくってみるのもよいかもしれない。

3　主張と事例の関係に着目して読む〈20分〉

Ｔ　筆者の主張を支える事例は、どの段落に書かれていますか。

・第2段落と第3段落です。

Ｔ　それぞれの事例は、どのように主張を支えているでしょう。事例がある場合とない場合を比べてみましょう。

・第2段落の事例は、「実験」について説明されています。

・第3段落の事例は、すでに調査されて分かっていることが説明されています。

・事例がなかったら、ただ筆者が言っているだけで説得力がないと思います。

4　自分の経験と結び付けながら読む〈10分〉

Ｔ　文章全体の構成を確認しましょう。「笑うから楽しい」は、このように、主張を支える事例があって、理解しやすくなったり説得されたりしています。

○構成図を示し、視覚的にも理解できるよう促す。

Ｔ　筆者の主張に対して自分の経験と結び付けながら考えてみましょう。

・口角を上げると気持ちが前向きになると聞いたことがあります。

・鏡の前で、にっこりするとやる気が出ました。

○文章中にある実験をやってみて、自分たちの心の動きを探ってみてもよい。

時計の時間と心の時間

本時の目標
・教材文「時計の時間と心の時間」を読み、文章全体の構成を捉えることができる。

本時の主な評価
❶教材文「時計の時間と心の時間」を読み、文章全体の構成を捉えている。【知・技】

資料等の準備
・特になし

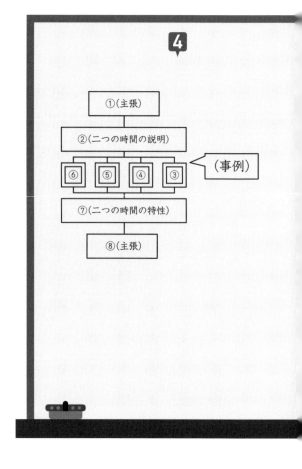

授業の流れ ▷▷▷

1 筆者の主張がどの段落にあるか考える 〈5分〉

T 「時計の時間と心の時間」を読んで、文章全体の構成を捉えましょう。

○教材文を読む。

T 筆者の主張は、どの段落で述べられているか考えましょう。

・「笑うから楽しい」では、初めと終わりに主張がありました。同じかもしれない。

・第1段落に「私は、〜と考えています。」とあるから、ここに主張が述べられていると思います。

・第8段落では、「このように考えると〜ないでしょうか。」と読者に呼びかける形で主張を述べていると思います。

2 筆者の言う二つの「時間」を考える 〈10分〉

T 筆者は、どんな時間を「時計の時間」「心の時間」と呼んでいるのでしょう。それは、どの段落で述べられていますか。

○特別な言葉の意味は、最初の方で定義付けられていることが多いことを押さえる（教科書p.62①参照）。

・「私はこれを、〜とよんでいます」と第2段落に書かれています。

・「『心の時間』とは、〜のことです。」と同じく第2段落で述べられています。

○主張が述べられている段落と二つの時間について述べられている段落を整理する。

主張と事例の関係をとらえ、自分の考えを伝え合おう

> 3 「時計の時間と心の時間」を読む。
> ・文章全体の構成をとらえる。

1

① 筆者の主張
・「時計の時間」と「心の時間」がある。
・「心の時間」に目を向けることが重要である。

② 二つの時間の説明
・「時計の時間」……地球の動きをもとに定められた時間、どこでだれが計っても同じ。
・「心の時間」……体感している時間、だれでも同じではない。

2

③ 事例1 「分かりやすい例が……」

④ 事例2 「一日の時間帯によっても……」実験①

3

⑤ 事例3 「身の回りの環境によっても……」実験②

⑥ 事例4 「さらに、『心の時間』には……」簡単な実験

⑦ 二つの時間の特性
・「時計の時間」……社会を成り立たせている。
・「心の時間」……心や体の状態、身の回りの環境によってちがう。

⑧ 筆者の主張
・「心の時間」に目を向けることが、時間と付き合っていくうえで、とても重要である。

---

3 主張を支える事例がどの段落にあるのか考える 〈20分〉

T 事例はいくつ挙げられ、どの段落で述べられているか考えましょう。

・主張と説明以外の段落が事例ではないかな。もう一度読んでみよう。

・第3段落には、「分かりやすい例が」とあります。事例が書かれています。

・第4段落には、グラフが出てきています。「実験①」は事例です。

・第5段落、第6段落にも「実験」が出てきているので事例だと考えます。

・第7段落は、何が書かれているのかな。「ここまで見てきたように」「このことから」とあるから、事例のまとめだと思います。

○事例の数と段落を押さえ、構成図を完成させる。

4 全体の構成を押さえ、次時への見通しをもつ 〈10分〉

T 文章全体の構成を図で表すとこのようになります。

・やはり、最初と最後に筆者の主張があります。

・事例が四つも挙げられているのは、なぜだろう。

T 事例が四つ挙げられていることが分かります。次は、それぞれの事例について内容を確かめたり、意図を考えたりして詳しく読んでいきましょう。

> **ICT 端末の活用ポイント**
> 文書作成ソフトを使って、一人一人が構成図を考え、作成することができる。枠組みをテンプレートとして与え、利用することも考えられる。

時計の時間と心の時間

本時の目標

・筆者の主張とそれを支える事例の関係を考えて読むことができる。

本時の主な評価

❸筆者の主張とそれを支える事例の関係を考えて読んでいる。【思・判・表】

資料等の準備

・特になし

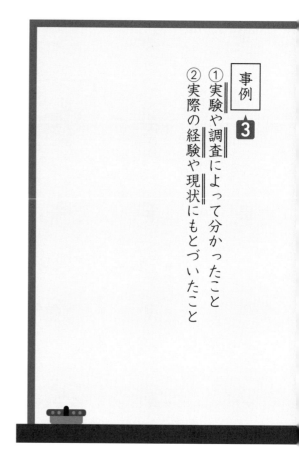

事例
③

① 実験や調査によって分かったこと
② 実際の経験や現状にもとづいたこと

授業の流れ ▷▷▷

1 学習のめあてを確認する 〈5分〉

T 実験の内容を確かめたり、関連した自分の経験を振り返ったりして、四つの事例を詳しく読んでいきましょう。

○自分の考えをもつために、それぞれの事例を理解し、関連した自分の経験も想起させたい。

○事例1では、退屈な時間を長く感じ、時間が遅く過ぎていくと感じると書かれているが、事例2では、30秒を長く感じたり、逆に時間が速く過ぎていくと感じたりすると書かれている。混乱する可能性があるので、丁寧に扱いたい。

2 それぞれの事例の内容を確かめる 〈20分〉

T 事例1には、どんなことが書いてありますか。

・その人の感じ方によって、心の時間の進み方が変わる例が書いてあります。

T 自分の経験で関連することはありますか。

・私も同じことを感じました。行きたくないと思った日の習い事は、いつもより時間を長く感じました。

・友達と遊ぶ楽しい時間は、とても短く感じます。

○事例2〜4についても、同様に内容を押さえ、経験を想起するよう促していく。

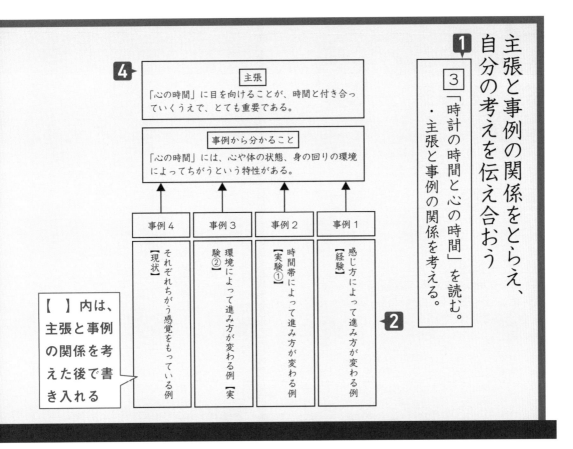

主張と事例の関係をとらえ、自分の考えを伝え合おう

1

3 「時計の時間と心の時間」を読む。
・主張と事例の関係を考える。

2

4

| 主張 |
| 「心の時間」に目を向けることが、時間と付き合っていくうえで、とても重要である。 |

| 事例から分かること |
| 「心の時間」には、心や体の状態、身の回りの環境によってちがうという特性がある。 |

| 事例4 | 事例3 | 事例2 | 事例1 |

事例4　【現状】それぞれちがう感覚をもっている例

事例3　【実験②】環境によって進み方が変わる例

事例2　【実験①】時間帯によって進み方が変わる例

事例1　【経験】感じ方によって進み方が変わる例

【　】内は、主張と事例の関係を考えた後で書き入れる

---

3 主張と事例の関係を考える 〈15分〉

T 事例には、「実験や調査によって分かったこと」や「実際の経験や現状に基づいたこと」などがあります。「時計の時間と心の時間」で挙げられている事例は、どれに当たるのか考えましょう。

・事例1は、「感じ方」が書いてあるから、それぞれの「経験」に当たると思います。

・事例2と3は、「実験」と書かれています。

・事例4には「簡単な実験」とありますが、今、読者に言っているので「現状」だと思います。

○事例4は、読み手が行う「実験」とも解釈できるが、記述されているのは「人の感覚」についてであるため、ここでは「現状」とする。

---

4 次時への見通しをもつ 〈5分〉

T 主張と事例の関係が見えてきました。次は、筆者がこれらの事例を使った意図を考えていきましょう。

○第3時につくった文章構成図と本時の構成図（後半部分のみ）は、上下が入れ替わっている。本時では、主張を支える事例として視覚的な理解を促す目的でこのようにした。教科書p.65の構成図もこのようになっている。

ICT 端末の活用ポイント

文書作成ソフトを使って文章構成図をつくってあれば、順番等を入れ替えることも簡単に行える。一人一人の操作をもって理解を促すこともできる。

時計の時間と心の時間／[情報] 主張と事例　5/7

本時の目標
・筆者が複数の事例を示した意図やその効果を考えながら読むことができる。

本時の主な評価
❸筆者が複数の事例を示した意図やその効果を考えながら読んでいる。【思・判・表】

資料等の準備
・第4時で使用した文章構成図　⬇ 10-01
・教科書 p.62〜63「話し合いの例」の吹き出し（ICT機器で代用可）

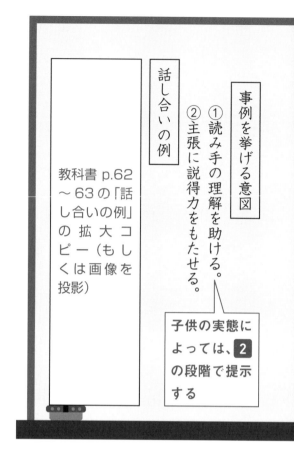

授業の流れ ▷▷▷

1　学習のめあてを確かめる　〈5分〉

T　筆者の主張とそれを支える事例の関係を考え、筆者の意図について話し合いましょう。

T　文章構成図からどんなことが分かりますか。

〇文章構成図を提示し、筆者の主張を確かめる。

・筆者の主張は、「心の時間」に目を向けることが、時間と付き合っていく上でとても重要であるということでした。

・事例から分かることとして、第7段落では、「心の時間」の特性をまとめていました。

・筆者の主張を支えるものとして四つの事例がありました。

2　筆者が複数の事例を取り上げた意図を考える　〈10分〉

T　筆者はなぜ、複数の事例を挙げながら、「心の時間」の特性について説明したのでしょう。主張と事例の関係に着目して、その意図について話し合いましょう。

〇自分の考えをしっかりもたせるため、考えをノートに書かせたい。書き始められない子供が多い場合には、教科書 p.65「主張と事例」を読んで、事例を挙げる意図を提示する。ヒントカードとして必要な子供のみに配付することもできる。

〇「笑うから楽しい」で事例の有無による違いから考えたこと（第2時）を想起させる。

主張と事例の関係をとらえ、自分の考えを伝え合おう

1

3 「時計の時間と心の時間」を読む。
・主張と事例の関係を考え、筆者の意図を話し合う。

2

4 ［情報］主張と事例

3

主張
「心の時間」に目を向けることが、時間と付き合っていくうえで、とても重要である。

事例から分かること
「心の時間」には、心や体の状態、身の回りの環境によってちがうという特性がある。

事例4	事例3	事例2	事例1
それぞれちがう感覚をもっている例	環境によって進み方が変わる例	時間帯によって進み方が変わる例	感じ方によって進み方が変わる例

---

3 筆者の意図について話し合う 〈20分〉

T 「話し合いの例」を参考にして、グループで話し合いましょう。

・「心の時間」についてだけ事例を挙げているのは、筆者が特に「心の時間」について理解してほしいからだと思います。

・「経験」の事例を挙げているのは、「心の時間」を身近に感じてほしいからだと思います。

・「実験」の事例があると、筆者の主張に説得力が出てくると思います。

T 友達の考えを聞いて、気付いたことがあったら、書き加えましょう。

○友達の気付きも学びとして共有する。

4 主張と事例の関係についてまとめる 〈10分〉

T 筆者の主張とそれを支える事例には、筆者の意図がありました。どのような事例を選ぶかにも筆者の考えが表れます。

○学習のまとめとして教科書 p.65「［情報］主張と事例」を読む。

ICT 端末の活用ポイント

学習支援ソフトを使って、意見の共有をすることができる。話合いの際に、入力した画面を見合いながら自分の考えを話したり、友達の意見を保存して整理したりするのに活用できる。

時計の時間と心の時間／[情報] 主張と事例

6/7

本時の目標

・筆者の主張に対する自分の考えをまとめることができる。

本時の主な評価

❹筆者の主張に対する自分の考えをまとめている。【思・判・表】

資料等の準備

・第4時で使用した文章構成図 ⬇ 10-01
・教科書 p.63「伝え合いの例」の拡大コピー（ICT 機器で代用可）⬇ 10-02

まとめ	理由や具体例（経験など）	自分の考え
この文章を読んで、「心の時間」という考え方を知ることができてよかったと思いました。これからは、──。	それは、私にも、友達との「心の時間」のちがいを感じた経験があるからです。友達といっしょに給食の準備をしていると、──。	私は、「時計の時間と心の時間」を読んで、人それぞれに「心の時間」の感覚がちがうことを意識することが大切だという筆者の主張に、特に共感しました。

授業の流れ ▷▷▷

1 学習のめあてを確認する 〈5分〉

T　筆者の主張とそれを支える事例を読み深めました。今日は、筆者の主張に対する自分の考えをまとめましょう。

○筆者の主張を確認する。

T　第8段落を読んで、筆者の主張を再度、確認しましょう。

・「心の時間」に目を向けることが大切だと主張しています。

・目を向けるということは、「心の時間」の特性を頭に入れるということです。

・感覚が違うことを気遣いながら、二つの「時間」と共に生活していくことが必要だと主張されています。

2 筆者の主張に対する自分の考えを明確にもつ 〈15分〉

T　筆者の主張に対して、あなたはどのように考えますか。

○考える立場として「共感」「なっとく」「疑問」を例示する。それぞれ、部分的にでもよいが、どの部分についてどのように考えるのかは、はっきりさせるようにする。

・共感します。感覚のずれがあると理解しながら行動すれば、行き違いが少なくなったり対応策を考えられたりすると思うからです。

・「心の時間」があることは納得しますが、「時計の時間」を道具として使うという点には疑問をもちます。

主張と事例の関係をとらえ、自分の考えを伝え合おう

時計の時間と心の時間

1

4 主張に対する自分の考えを書く。

主張
「心の時間」に目を向けることが、時間と付き合っていくうえで、とても重要である。

事例から分かること
「心の時間」には、心や体の状態、身の回りの環境によってちがうという特性がある。

事例4	事例3	事例2	事例1
それぞれちがう感覚をもっている例	環境によって進み方が変わる例	時間帯によって進み方が変わる例	感じ方によって進み方が変わる例

2 筆者の主張に対する自分の考え
・共感......「そう思う」「そのとおり」
・なっとく......「なるほど」「分かる」
・疑問......「そうだろうか」「ここには、疑問を感じる」

3 まとめ方の例
・自分の経験をふまえて書く。

---

［3］ 自分の考えをまとめる　〈25分〉

T　それぞれの立場から、自分の経験を踏まえて考えをまとめましょう。

○まとめ方の例（「自分の考え」「理由や具体例」「まとめ」）を提示する。教科書 p.63下段を参照。

・この人は、筆者の主張に共感していることが分かります。

・友達と時間の感覚がずれていると感じた経験を取り入れてまとめています。

・「まとめ」では、今後の自分の生活に生かそうとしていると思います。私は、筆者と同じように、最初に述べた自分の考えを言い替えて述べようと思います。

○ノートに書いたり、文書作成ソフトを利用して入力したりする。

ICT 等活用アイデア

調べ学習と並行させる

興味・関心を広げ、調べる
　教材文の内容と関係する話題、「時間」や「脳の働きの特性」について、興味・関心を広げ、調べる。どのような事例を挙げて記述されているかにも着目させるようにする。

考えを発信する
　文書作成ソフトを利用して自分の考えをまとめたり、プレゼンテーションソフトを使って事例の図やグラフ、写真などを取り入れて作成したりする。

［練習］笑うから楽しい／時計の時間と心の時間／［情報］主張と事例

7/7

本時の目標

・主張を述べた文章を読み、自分の考えを伝え合おうとする。

本時の主な評価

❺主張を述べた文章を読み、進んで叙述を基に押さえ、自分の考えを伝え合おうとしている。【態度】

・身に付けた力を振り返り、今後に生かす視点をもとうとしている。

資料等の準備

・特になし

---

③

○学習を振り返る。

① 主張と事例の関係について分かったこと。

② 自分の考えを伝え合うことができたか。また、その感想。

③ これから生かしたいこと、さらに知りたいことや考えたいこと。

授業の流れ ▷▷▷

1 筆者の主張に対する自分の考えを交流する 〈15分〉

T 前の時間にまとめた自分の考えを、グループで交流しましょう。

○「①自分の考えを話す。」「②友達の考えを聞いて、感じたことを話す。」という流れでやり取りをし、話合いを進めるようにする。グループ内の友達同士で行う。

・私も○○さんと同じような経験がありました。だから、それぞれ「心の時間」が違うことを踏まえて選べるようになるといいと思います。

・確かにいいと思いますが、「時計の時間」も同じくらい大切ではないでしょうか。

2 感想や自分の考えに加えたいことなどを整理する 〈15分〉

T 友達の考えを聞いた感想や自分の考えに加えたいことなどを整理しましょう。

○ノートに書き加えたり、ICT 端末に入力したりする。

・○○さんは、筆者の主張に共感すると言っていました。事例4の実験を実際にやってみて、納得したと言っていました。実際にやってみて確かめているところがよいと思います。

・□□さんは、「時計の時間」をただの道具と言ってしまうことに疑問をもっていました。確かに、社会で暮らすには「時計の時間」も尊重することが必要かもしれないと思いました。

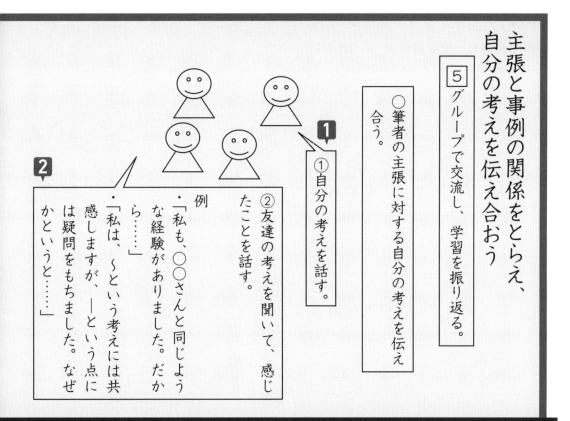

主張と事例の関係をとらえ、
自分の考えを伝え合おう

5 グループで交流し、学習を振り返る。

○筆者の主張に対する自分の考えを伝え合う。

1
①自分の考えを話す。

②友達の考えを聞いて、感じたことを話す。

2
例
・「私も、○○さんと同じような経験がありました。だから……」
・「私は、～という考えには共感しますが、―という点には疑問をもちました。なぜかというと……」

3 学習を振り返る 〈15分〉

T 学習のまとめをしましょう。この学習で分かったことやできるようになったことなどを整理しましょう。

○振り返りの視点を示す（例：①主張と事例の関係について分かったことや気付いたこと、②自分の考えを伝え合うことができたか、また、その感想、③これから生かしたいこと、さらに知りたいことや考えたいこと）。

・事例にも筆者の考えが表れることが分かりました。筆者は、「心の時間」を身近に感じてもらえるように「経験」を取り入れて、いくつも事例を重ねていました。私も文章を書くときには、事例を選んで書こうと思います。

よりよい授業へのステップアップ

学んだことを活用する
　教科書 p.65「［情報］主張と事例」下段▼の課題に取り組んでみる。子供から出された話題でもよい。「主張と事例」の関係を明らかにして自分の考えを話してみることで、学習したことを確認することができる。
興味・関心を深める
　教科書 p.64「この本、読もう」にある本を中心に「時間」や「脳の働きの特性」について触れている本を学級文庫などに置き、手に取れるようにしておく。自分の考えをまとめるときに参考にすることができる。

主張
「心の時間」に目を向けることが、時間と付き合っていくうえで、とても重要である。

事例から分かること
「心の時間」には、心や体の状態、身の回りの環境によってちがうという特性がある。

↑ ↑ ↑ ↑

事例4	事例3	事例2	事例1
それぞれちがう感覚をもっている例	環境によって進み方が変わる例	時間帯によって進み方が変わる例	感じ方によって進み方が変わる例

まとめ	理由や具体例 （経験など）	自分の考え
この文章を読んで、「心の時間」という考え方を知ることができてよかったと思いました。これからは、――。	それは、私にも、友達との「心の時間」のちがいを感じた経験があるからです。友達といっしょに給食の準備をしているとき、――。	私は、「時計の時間と心の時間」を読んで、人それぞれに「心の時間」の感覚がちがうことを意識することが大切だという筆者の主張に、特に共感しました。

文の組み立て （2 時間扱い）

単元の目標

知識及び技能	・文の中での語句の係り方や語順について理解することができる。((I)カ)
学びに向かう力、人間性等	・言葉がもつよさを認識するとともに、進んで読書をし、国語の大切さを自覚して思いや考えを伝え合おうとする。

評価規準

知識・技能	❶文の中での語句の係り方や語順について理解している。(〔知識及び技能〕(I)カ)
主体的に学習に取り組む態度	❷文の中での語句の係り方や語順について理解し、これまでの学習を生かして進んで設問に取り組もうとしている。

単元の流れ

次	時	主な学習活動	評価
一	1	カードを並べて文をつくり、日本語の文の語順について考える。 一つの文の中に主語と述語の関係が二つ以上出てくる場合があることを知り、短い文に分けて書き直すことで、読みやすくなることを確かめる。	❶
	2	教科書 p.67の練習問題 1・2 に取り組む。	❷

授業づくりのポイント

〈単元で育てたい資質・能力〉

　本単元は、日本語の述語が文末に位置することが多いことや、文の成分の位置は、ある程度自由に配置することができるという特徴を理解すること、また、1文の中に、主語と述語の関係が二つ以上あるもの（重文や複文）の語句の係り方を理解することをねらいとしている。後者においては、中心となる主語・述語の関係を見付けることや、文をより分かりやすくするために、場合によって一つの文にしたり、二つの文に分けたりする技能について、適宜具体例を活用しながら身に付けさせたい。

［具体例］

○「問いをもとう」を基に、「庭に」「昨日」「ぼくは」「木を」「植えた」の5枚のカードを並び替え、日本語の語順について、学級で考えを出し合う時間を設定するようにする（「ICT の効果的な活用」参照）。

○主語と述語の関係については、既習事項を振り返りながら学習を進めるとよい。

〈教材・題材の特徴〉

　子供にとって、読むことや書くことにおいては、「１文の中に、主語と述語の関係が二つ以上ある文」における「語句の係り方」に難しさがあると言える。読むときには、述語に対する中心となる主語が分からなかったり、書くときには、主述がねじれたり、１文が長くなってしまったりすることが少なくない。本教材は、それらを整理し、子供自身が文の構造を理解して、分かりやすく考えることができるようにするための教材である。特に、書くことにおいて、語順や、主語と述語の関係に気を付けながら組み立てる大切さに気付くよう、促していきたい。

［具体例］
○読み手が分かりにくい、具体的な文例をいくつか提示し、どのように直せばよいかを考える活動を設定することで、理解を深めることもできる。

〈言語活動の工夫〉

　本単元で理解したことは、自分の身近な文章を改めて見直し、組み立てを考えることが効果的である。そのため、適用問題として教科書の問題を活用し、それ以外にも以前に書いた文章を読み返したり、子供同士で問題を出し合ったりすることで、より実際に沿った形で組み立てを考えることが望ましい。自分で文章を推敲することに慣れ、本単元以降の「書くこと」の単元へとつなげていきたい。

［具体例］
○練習問題だけでなく、子供同士で問題をつくることもできる。練習問題１のような、主語と述語の関係を見付けるものや、練習問題２のような、二つの文に分けるものとに設問を整理し、問題をつくって出し合うことで、語句の係り方や語順、文と文との接続の関係について、楽しみながら理解できるようにする。
○教科書教材の本文や、他教科の教科書から文を抜粋し、学習したことを確かめることもできる。

〈ICT の効果的な活用〉

表現：ホワイトボードアプリなどを用いて、カードを並び替えたり、完成した文章を見合ったりすることで、言葉の順序の相違点に気付くことができるようにする。印刷や配布の手間を省くという利点もある。

文の組み立て

本時の目標
・文の中での語順について理解することができる。

本時の主な評価
❶文の中での語句の係り方や語順、文と文との接続の関係について理解している。【知・技】
・文の中での語句の係り方や語順について理解し、進んで取り組もうとしている。

資料等の準備
・掲示用のカード（「庭に」「植えた」「昨日」「ぼくは」「木を」）

【板書】

4
②
ぼくが木を植えた。その木が育った。

3
②
ぼくが 植えた 木が 育った。

②
ぼくが 植えた 木が 育った。
主語 述語　主語 述語

授業の流れ ▷▷▷▷

1 ５枚のカードを並べ替え、完成した文を見比べる 〈10分〉

T 「庭に」「植えた」「昨日」「ぼくは」「木を」の５枚のカードを並べ替えて、意味の通る文をつくりましょう。

・「ぼくは／昨日／庭に／木を／植えた」にしたよ。

・「植えた」の場所はみんな変わらないね。

○文の述語に当たる「植えた」の位置は、普通最後にあるという言葉の順序に気付かせたい。

┌─ **ICT 端末の活用ポイント** ─┐
学習支援ソフトを活用し、ICT 端末上でカードの操作をしたり、完成した文の共有をしたりするとよい。
└──────────────┘

2 主語と述語の関係について確かめる 〈15分〉

T 二つの文を読み比べて、主語と述語について気付いたことを話し合いましょう。

・①には主語が二つあるね。

・①には、述語も二つあります。

・②はどういう組み立てになっているんだろう。一つの文の中に主語は二つあってもいいいのかな。

○１文の中に主語は一つであると思い込んでいる子供もいると想定されるので、一つとは限らないことを押さえるとよい。

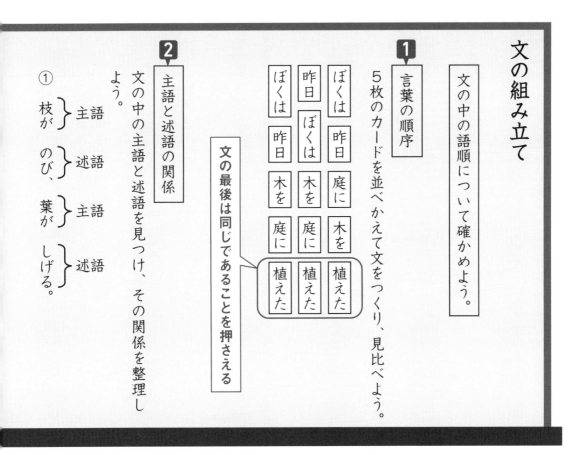

文の組み立て

文の中の語順について確かめよう。

1 言葉の順序

5枚のカードを並べかえて文をつくり、見比べよう。

ぼくは	昨日	ぼくは
昨日	ぼくは	庭に
ぼくは	木を	木を
木を	庭に	庭に
庭に	植えた	植えた
植えた		

文の最後は同じであることを押さえる

2 主語と述語の関係

文の中の主語と述語を見つけ、その関係を整理しよう。

① 枝が } 主語
　 のび、} 述語
　 葉が } 主語
　 しげる。} 述語

---

3 長い文を意味の同じ2文に分け、書き直す　〈10分〉

T　②の文を2文に分けて、意味の同じ内容を表してみましょう。どのように分けられますか。

○「ぼくが木を植えた。その木が育った。」を板書し、2文に分けた文を確かめる。
〔つまずき例〕

・ぼくが植えた。木が育った。
　→前の文と次の文のつながりがないことを確認する。

・ぼくが植えた木だ。木が育った。
　→文を二つに分けることが約束なので、同じ言葉を繰り返し使わないようにさせる。

○つまずき例はあくまで教師からの例として示すとよい。

4 学習のまとめをする　〈10分〉

T　今日は「言葉の順序」と「主語と述語の関係」について学習をしました。次の時間には、例文を使って問題を解き、理解を確かめましょう。

○学習のまとめをして、次時への見通しをもたせる。

・言葉の順序が違うと、印象が変わるな。

・分かりやすい文を書けるようになりたいです。

文の組み立て

本時の目標
・文の中での語句の係り方や語順、文と文との接続の関係について理解したことを文の組み立てに生かすことができる。

本時の主な評価
・文の中での語句の係り方や語順、文と文との接続の関係について理解している。
❷文の中での語句の係り方や語順について理解し、進んで取り組もうとしている。【態度】

資料等の準備
・特になし

---

③
・父がたんすに収納した二枚の着物は職人が美しく染めたものだ。
・市長が環境都市を宣言した記者会見を見た山田さんが感想を述べる。

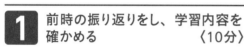
単元のまとめをし、時間に余裕があれば発展的な学習へとつなげる

文を書くときは、語順や、主語と述語の関係に気をつけよう。

→自分が書いた文章を読み返してみよう。

授業の流れ ▷▷▷

1 前時の振り返りをし、学習内容を確かめる 〈10分〉

T 前の時間に学習したことを振り返りましょう。

○前時に学習した内容について、ノートやワークシートを見ながら確かめる。

○文の組み立てで気を付けることとして、文にある中心の主語を見付けることを押さえる。また、主語が必ずしも文の先頭に来るわけではないことも確かめ、述語から主語を見付ける方法についても振り返りをしておくとよい。

2 練習問題に取り組む 〈25分〉

T 教科書67ページの1の練習問題に取り組みましょう。

○「主語と述語の関係が二つ以上ある場合」を押さえ、前時の学習を基に考えるよう促す。主語や述語を見付けるのが難しい子供には、述語のみを先に示してもよい。

T 教科書67ページの2の練習問題に取り組みましょう。

○語の順序を入れ替えたり指示語を使ったりしてもよいことを確かめる。

○正解は一つではないことを押さえ、子供が分けて書き直した文章を読み比べてもよい。

文の組み立て

学習したことを使って、練習問題に取り組もう。

1

言葉の順序
・文の述語にあたる言葉は、ふつう文末に置く。

主語と述語の関係
・文の内容をとらえるときは、文の中の主語と述語の関係に着目する。

・長い文は、二つに分けると読みやすくなることがある。

> 前時の学習を振り返る

2

練習問題1
・券売機が故障したうえに、電車がおくれた。
・立派な警察署が完成し、住民は喜んだ。
・祖父が通う銭湯が、駅の近くに移転した。

練習問題2
・母が勤める旅行会社は、諸外国の観光名所の情報を提供している。

---

3 単元のまとめをする 〈10分〉

T 今回の学習を振り返り、これから文章を書くときに気を付けられそうなところを整理しましょう。

○これまでの単元で扱った授業の感想や作品、日常的に学級で取り組んでいるような日記などの文章を読み直し、文の組み立てを確かめる活動を設定してもよい。

ICT 端末の活用ポイント

学習支援ソフトを活用し、ICT 端末上で互いの文章を読み合ったり、書き直したものを交流したりすることもできる。

よりよい授業へのステップアップ

文章を推敲する力を付ける

本単元での指導事項は、定着に時間がかかるものである。自分が書いた文章を俯瞰しながら読み直し、よりよい文章へと修正することを習慣化する必要がある。ノートに書いた学習感想を読み直すなど、日常的に指導したい。

これは、学習指導要領「B書くこと」領域の「推敲」と大きく関係する部分である。自分の文章が適切な表現となるよう、整える方法を知るだけでなく、実際に活用することを意識して、この後の書く活動につなげていきたい。

たのしみは　（3時間扱い）

単元の目標

知識及び技能	・語感や言葉の使い方に対する感覚を意識して、語や語句を使うことができる。（(1)オ） ・語句の係り方や語順、話や文章の種類とその特徴について理解することができる。（(1)カ）
思考力、判断力、表現力等	・自分の考えが伝わるように書き表し方を工夫することができる。（Bウ） ・短歌に対する感想や意見を伝え合い、自分の作品のよいところを見付けることができる。（Bカ）
学びに向かう力、人間性等	・言葉がもつよさを認識するとともに、進んで読書をし、国語の大切さを自覚して思いや考えを伝え合おうとする。

評価規準

知識・技能	❶語感や言葉の使い方に対する感覚を意識して、語や語句を使っている。（〔知識及び技能〕(1)オ） ❷語句の係り方や語順、話や文章の種類とその特徴について理解している。（〔知識及び技能〕(1)カ）
思考・判断・表現	❸「書くこと」において、自分の考えが伝わるように書き表し方を工夫している。（〔思考力、判断力、表現力等〕Bウ） ❹「書くこと」において、短歌に対する感想や意見を伝え合い、自分の作品のよいところを見付けている。（〔思考力、判断力、表現力等〕Bカ）
主体的に学習に取り組む態度	❺学習の見通しをもって短歌をつくり、積極的に短歌に対する感想や意見を伝え合おうとしている。

単元の流れ

次	時	主な学習活動	評価
一	1	短歌を鑑賞し、自分が題材にしたい場面を決める。	
	2	短歌をつくり、表現の効果を確かめながら、より適切な表現に置き換えて完成させる。	❶❷❸
	3	短歌を読み合って感想を伝え合い、自分の作品のよいところを見付ける。	❹❺

授業づくりのポイント

〈単元で育てたい資質・能力〉

　本単元のねらいは、短歌を創作することを通して、その表現の効果を確かめたり工夫したりする力を育むことである。

そのためには、短歌をつくる上での表現技巧を知り、言葉を言い替えたり並べ方を変えたりして、表現を工夫する力が必要となる。一度つくった短歌を読み返し、粘り強く短歌を整える姿勢も同時に育みたい。また、凝縮した表現を味わうよさに目を付け、自分の作品の優れた部分を見付ける機会も大切にしたい。

［具体例］
○題材を見付ける際、「たのしみは」につながるものを学級全体で共有する時間を設ける。生活の中にある「たのしみ」や、そのときの様子や気持ちなどについて、キーワードを連想することで、題材が思い浮かばない子供の手がかりとなる。
○俳句は、カメラのシャッターを切るイメージでつくる（その瞬間を切り取る）。一方、短歌には、作者の心情を込めることが多い。既習事項を踏まえながら、子供の気付きを促すとよい。

〈教材・題材の特徴〉
　本学習材は、歌人・橘曙覧の「独楽吟」から、「たのしみ」を伝える発想を借りたものである。日常の中にある「たのしみ」を見付けることは、子供にとって親しみやすい設定であり、表したい場面を思い返すことにも意欲的に取り組むことができる。また、約束事として「たのしみは」で始まり、「時」で結ぶことを設けている。形式が決まっているため、子供は、発想や言葉を組み立てていく際に、拠りどころをもって取り組むことができる。

　また、これは短歌に親しむ態度を育てることができる教材である。橘曙覧の歌に触れることで、昔の人と自分たちとのものの見方や考え方の相違点について、考えを深めるようにしたい。

［具体例］
○橘曙覧の作品について、教科書以外のものも子供に提示すると、より興味・関心が湧く。それだけでなく、題材のヒントや、表現の仕方に着想を得ることも期待される。
○言語活動のポイントは、一度つくった短歌を、より適切な表現に置き換える作業（推敲）を行うことである。そのときの様子や気持ちは、どのようにすればより効果的に伝わるのか、教科書にある「言葉の宝箱」を参考にしたり、学級での学び合いの場を活用したりしていく。

〈ICT の効果的な活用〉

共有：身の回りの「たのしみ」を見付ける際、ホワイトボードアプリなどを活用し、言葉を記録したり学級で共有したりする。題材を決めるときや、推敲をするときに、活用することができる。

整理：ICT 端末のメモ機能や文書作成ソフトを用いて、思ったことや伝えたいことなどをメモしておく。表現の工夫をするときに、思い付いたものを消さずに、記録しておくこともできる。

表現：描画ソフトを用いて描いた絵や、端末に保存した写真などを、短歌に添えてもよい。子供が表現したい作品世界を、より豊かにする手助けとなるだろう。

本時案

たのしみは

本時の目標
・橘曙覧の短歌を鑑賞し、作者のものの見方や感じ方に触れ、自分が短歌に表したい場面を決めることができる。

本時の主な評価
・橘曙覧の作品を味わうことを通して表現の仕方を理解し、学習の見通しをもっている。

資料等の準備
・橘曙覧「独楽吟」作品一覧 ⬇ 12-01

板書をする。ICT機器を活用してもよい

選んだ題材を共有するために、

★自分にとっての「たのしみは」？
・新しく買った本を開くしゅん間
・駅で電車を待っているとき
・サッカーでドリブルをしているとき
・大好きなものを食べているとき

3

授業の流れ ▷▷▷

1 学習の進め方を確かめ、学習計画を立てる　〈5分〉

T　自分の伝えたいことが伝わるように、言葉を選んで短歌をつくる学習をします。学習の進め方を確かめましょう。

○この時間のめあてを板書した後、教科書p.68を参考にし、学習の進め方を子供と共有する。

○言葉の使い方や表現を工夫すること、つまり、推敲を通してよりよいものをつくっていくことが学習の中心であることを確認する。

2 橘曙覧の短歌を鑑賞する　〈25分〉

T　江戸時代の歌人である橘曙覧の作品を鑑賞しましょう。

・両方とも「たのしみは」と「時」がある。

・今の自分たちと感覚が似ているな。

・他の作品も読んでみたい。

○日常の暮らしの中に楽しみや喜びを見いだしたという、作者のものの見方や感じ方を押さえる。また、「たのしみは」で始まり、「時」で結ぶ表現の仕方であることを確認する。

○「独楽吟」から、橘曙覧の他の作品にも親しむとよい。

ICT端末の活用ポイント

学習支援ソフトを活用し、最も心に響いた短歌を選ぶ活動を導入してもよい。それぞれの感じ方が違うことを楽しむ場としたい。

たのしみは
118

たのしみは

1 橘曙覧の短歌を鑑賞し、短歌にしたい場面を決めよう。

2 ◆橘曙覧の短歌から

・たのしみは妻子むつまじくうちつどひ
　　　　　　頭ならべて物をくふ時

・たのしみは朝おきいでて昨日まで
　　　　　　無かりし花の咲ける見る時

〈気付いたこと・考えたこと〉
・「たのしみは」で始まって、「時」で終わっている。
・今の私たちと感じていることが似ている。
・自分も似たようなことを思うときがある。
・他の作品も読んでみたい。

> 子供から出た発言を板書する

◆題材を決めるときは（教科書69ページから）
・今朝、起きてからのこと
・家の人や友達のこと
・衣食住のこと
・この一週間のこと
・季節のこと
・趣味のこと

---

3 短歌にしたい場面を決める 〈15分〉

T　教科書69ページを参考にして、短歌にしたい場面を決めましょう。

○自分が伝えたい「たのしみ」を決めるために、教科書 p.69にある「題材を決めるときは」等を参考にしながら、題材を集める時間を設定する。

・新しい本を開く瞬間が一番楽しいな。

・駅で電車を待つ時間が楽しい。

・サッカーをしているときの、ドリブルをしている瞬間が一番楽しいと思う。

ICT 端末の活用ポイント

学習支援ソフトを活用し、互いにどのような場面を選んだのかが可視化できるようにするとよい。選べない子供への手助けともなる。

よりよい授業へのステップアップ

昔の人のものの見方や感じ方に親しむ

　時間に余裕がある場合、資料１にあるような、橘曙覧の他の作品に親しむことのできる場面を設定してもよい。自分のお気に入りの１首を見付けたり、友達と感想を共有したりする中で、現代にも通じる感覚を味わうことができるだろう。

様々な短歌に興味をもたせる

　現代の歌人の歌集や、短歌のつくり方を子供向けに解説した参考図書等を教室に用意し、子供がいつでも手に取れるよう学習環境を整備しておくのもよい。

本時案

たのしみは 2/3

本時の目標
・表現の仕方に気を付けながら短歌をつくることができる。

本時の主な評価
❶❷言葉の使い方を確かめながら、適切な語や語句を選んでいる。【知・技】
❸伝えたいことに沿った、より適切な表現となるよう推敲している。【思・判・表】

資料等の準備
・国語辞典や類語辞典等
・ワークシート（音数数え用）⬇ 12-02

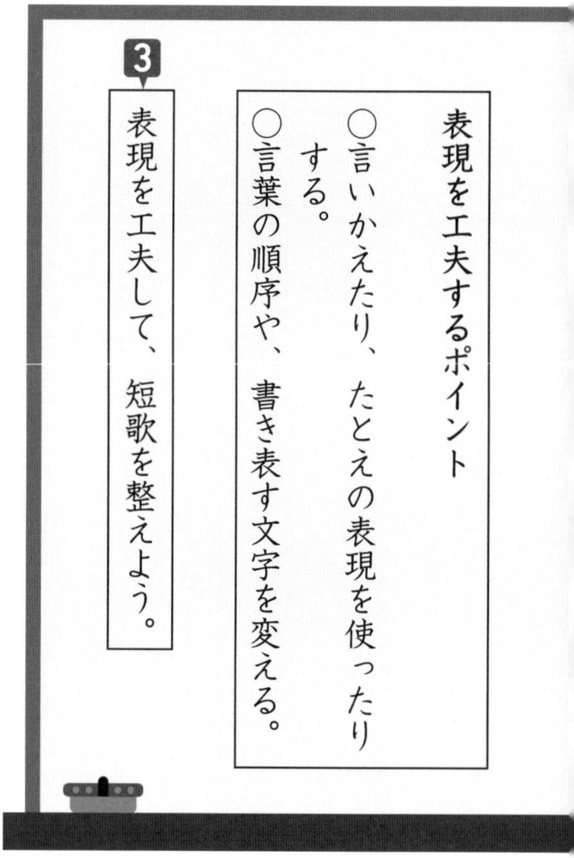

右側の黒板図（縦書き）：

表現を工夫するポイント
○言いかえたり、たとえの表現を使ったりする。
○言葉の順序や、書き表す文字を変える。

❸ 表現を工夫して、短歌を整えよう。

授業の流れ ▷▷▷

1 短歌のつくり方や表現の仕方を確かめ、短歌をつくる 〈15分〉

T 今回の単元で、短歌をつくるためのきまりを確認しましょう。

・31音（5・7・5・7・7）で表すこと。

・「たのしみは」で始まり、「時」で結ぶこと。

○拗音、促音、長音、撥音に気を付けて音を数えることを押さえておくとよい。

○音数を捉えられない子供については、まず音を数えながらつくり、その後に漢字や片仮名に変えるとリズムを整えやすいことを指導する。

T それでは実際に短歌をつくってみましょう。

2 よりよい表現となるよう、短歌を推敲する 〈20分〉

T 自分の伝えたい「たのしみ」がもっとよく伝わるように、表現を工夫してみましょう。

・自分の気持ちを表す言葉は、どっちがいいだろう。

・ボールを蹴る楽しさを表す例えはないかな。

○自分が伝えたい「たのしみ」にぴったりな言葉を見付けることにこだわる姿勢を大切にし、価値付けをしたい。

○1人で読み返すだけでなく、グループや学級で互いに読み合う時間を設定する。自分が伝えたいことが伝わる表現となっているか、確かめ合う場があるとよい。

ICT端末の活用ポイント
ICT端末のメモ機能や文書作成ソフトを用いて、浮かんだ言葉やアイデアを記録しておく。

たのしみは

1 自分の「たのしみ」が伝わるよう表現を工夫し、短歌を作ろう。

◆短歌の作り方

○五・七・五・七・七の三十一音で表す

・音の数え方

（例）しょっき（三音）

　　　おとうさん（五音）

○「たのしみは」で始まり、「時」でむすぶこと

2

★自分の「たのしみ」を、より分かりやすく伝えるために……

【「音」の数を確かめよう】

たのしみは　○○○○○

　　　　　　○○○○○○○

　　　　　　○○○○○○

　　　　　　○○○○○とき

3　短歌を整えて完成させる　〈10分〉

T　短歌を整えて、短冊に清書をしましょう。

○推敲の方法として教科書には、①言い替えたり、例えの表現を使ったりすること、②言葉の順序や、書き表す文字を変えること、の2点が提示されている。ポイントとして板書をしておくとよい。

○完成した短歌は、作品として清書をするとよい。廊下に掲示したり書写の時間に書かせたりして、仕上げることもできる。

ICT 端末の活用ポイント

ICT 端末を活用すると、作品の共有や音声での表現もできる。また、絵や写真を使い、思い描いた作品世界の表現を補うこともできる。

よりよい授業へのステップアップ

リズムの整え方の指導

　次の3点が挙げられる。

　①異なる音数の言葉への置き換え。②「が」「の」「を」「は」等の助詞の省略。③連用中止法（例：よく食べ、よく眠る）。

　子供の実態に応じて教師がいくつか表現を例示してもよい。また、表現技巧ばかりにこだわる子供には、伝えたいことに沿った言葉を精選するよう指導をする。

国語辞典や類語辞典等の活用

　子供の実態に応じて辞典の活用を促したい。

たのしみは

本時の目標
・完成した短歌を読み合って表現の効果を確かめ、自分の作品のよいところを見付けることができる。

本時の主な評価
❹短歌の感想や意見を伝え合い、自分の作品のよいところを見付けている。【思・判・表】
・見通しをもって短歌をつくり、積極的に感想や意見を伝え合おうとしている。

資料等の準備
・ワークシート（感想の共有用）⬇ 12-03

[板書]

④ 学習のまとめをしよう。

・（一回目）自分の短歌を時計回りに回す。
　↓感想を記入する。
・（二、三回目）読み終わった短歌を時計回りに回す。
　↓感想を記入する。
・時間があれば、別のグループで同じことを行う。

授業の流れ ▷▷▷

1 感想の共有の仕方を確かめる 〈5分〉

T　友達の短歌を読んで、感想を伝え合いましょう。

○友達の「たのしみ」が伝わったか、表現の工夫でよいと思ったところはどこか、その効果としてどんなことが伝わってくるかについて感想を書くよう指導する。

○活動の例として、グループ（4人）をつくり、短歌を読んだら回す形で感想を記入していくことが考えられる。学級の実態に応じて変えるとよい。

2 短歌を読み合い、ワークシートに感想を記入する 〈20分〉

T　ワークシートに感想を記入したら、短歌を次の人に回しましょう。

○感想を書き終えた短冊は、時計回りで次の人へ渡していく。その際、グループの子供全員ができるだけ同じタイミングで回すことができるよう、感想を書く速さの個人差に配慮する。

○できるだけたくさんの短歌を読むために、グループは複数設定しておくとよい。

ICT 端末の活用ポイント

学習支援ソフトを活用して感想を共有してもよい。

たのしみは

1
完成した短歌を読み合って感想を共有し、自分の作品のよいところを見つけよう。

◆感想を伝え合おう。
・友達が感じている「たのしみ」が伝わってきましたか。
・伝えたいことが伝わる表現になっていましたか。

3 2

感想を伝え合うときのポイント

〔見つけよう〕
・様子や気持ちがよく伝わる表現
・「いいな。」と思う表現
・何を伝えようとしているか
・題材や表現のいいところ

〔聞いてみよう〕
・伝えたいことが伝わったか
・次に文章を書くときにどんなことを生かすか

◆読み合いのしかたについて
・四人一グループ

---

3 感想を共有する　〈10分〉

T　感想を伝える準備ができたら、伝える用意をして待ちましょう。

○グループ単位で共有する場合には、感想メモを渡して読み合うだけでもよい。

○学級全体で共有する場合には、1首を代表者が前で読み、それについての感想を発表する。

○子供が自分の作品のよいところを見付けることに重点を置き、それを探す手がかりとなるよう共有の場を設定する。

ICT 端末の活用ポイント

ICT 端末で感想を共有した場合はそのまま活用し、感想を学級全体で共有することも考えられる。

4 学習のまとめをする　〈10分〉

T　友達からもらった感想を基に、自分のつくった短歌のよいところをまとめましょう。

○「うまく伝わった表現」や「効果的だった言葉」に着目しながら、自分のつくった短歌を読み直すよう指導する。

・この「○○」という言葉を気に入ってくれた人が多かったな。

・比喩を使ったら、伝えたいことがうまく伝わったと思う。

○発展的な内容として、「たのしみは」を「よろこびは」「かなしみは」「幸せは」「腹立ちは」等にして短歌をつくる活動も考えられる。

1 第1時資料　橘曙覧「独楽吟」作品一覧　⬇ 12-01

1　たのしみは妻子むつまじくうちつどひ頭ならべて物をくふ時

2　たのしみは朝おきいでて昨日まで無かりし花の咲ける見る時

3　たのしみは紙をひろげてとる筆の思ひの外に能くかけし時

4　たのしみは艸のいほりの莚敷きひとりこころを静めをるとき

5　たのしみは空暖かにうち晴れし春秋の日に出でありく時

6　たのしみは珍しき書人にかり始め一ひらひろげたる時

7　たのしみは常に見なれぬ鳥の来て軒遠からぬ樹に鳴きしとき

8　たのしみはまれに米いでき今一月はよしといふとき

9　たのしみは物識人に稀にあひて古しへ今を語りあふとき

10　たのしみはまれに魚烹て児等皆がうましうましといひて食ふ時

11　たのしみはそぞろ読みゆく書の中に我とひとしき人をみし時

12　たのしみは書よみ倦めるをりしもあれ声知る人の門たたく時

13　たのしみは銭なくなりてわびをるに人の来たりて銭くれし時

14　たのしみは機おりたてて新しきころもを縫ひて妻が着する時

15　たのしみは三人の児どもすくすくと大きくなれる姿みる時

16　たのしみは昼寝目ざむる枕べにこととと湯の煮えてある時

17　たのしみは小豆の飯の冷えたるを茶漬けてふ物になしてくふ時

18　たのしみは好き筆をえて先づ水にひたしねぶりて試みるとき

19　たのしみは庭にうゑたる春秋の花のさかりにあへる時

20　たのしみは数ある書を辛くしてうつし竟へつつとぢて見るとき

21　たのしみはふと見てほしくおもふ物辛くはかりて手にいれしとき

2 第2時資料　ワークシート（音数数え用）　⬇ 12-02

名前

表現を工夫して短歌を作り、読み合おう「たのしみは」

六年　組　名前（　　　　　）

めあて

（各欄）
・「たのしみ」は、（　　　）だと思います。
・いいと思った表現は、（　　　）です。
・この表現から、（　　　）が伝わってきます。
さんの短歌

4 資料　作品例

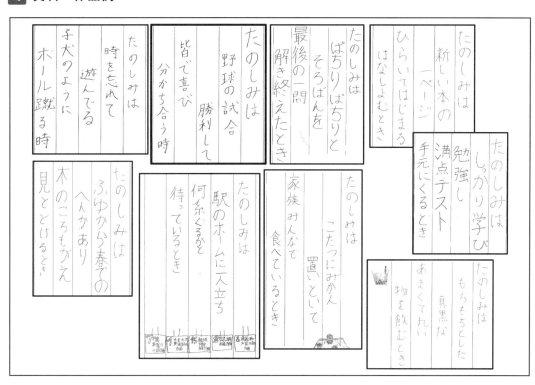

たのしみは　新しい本の　一ページ　ひらいてはじまる　はなしよむとき

たのしみは　しっかり学び　勉強し　満点テスト　手元にくるとき

たのしみは　ぱちりぱちりと　そろばんを　最後の一問　解き終えたとき

たのしみは　こたつにみかん　置いといて　家族みんなで　食べているとき

たのしみは　もちもちとした　真黒な　あまくてうまい　物を飲むとき

たのしみは　野球の試合　勝利して　皆で喜び　分かち合う時

たのしみは　駅のホームに　一人立ち　何系くるかと　待っているとき

たのしみは　時を忘れて　遊んでる　子犬のように　ボール蹴る時

たのしみは　ふゆから春での　へんかもあり　木のころもがえ　見とどけるとき

声に出して楽しもう

天地の文 　（1時間扱い）

単元の目標

知識及び技能	・親しみやすい古文や漢文、近代以降の文語調の文章を音読するなどして、言葉の働きやリズムに親しむことできる。((3)ア)
学びに向かう力、人間性等	・言葉がもつよさを認識するとともに、進んで読書をし、国語の大切さを自覚して思いや考えを伝え合おうとする。

評価規準

知識・技能	❶親しみやすい古文を音読するなどして、言葉の働きやリズムに親しんでいる。(〔知識及び技能〕(3)ア)
主体的に学習に取り組む態度	❷昔の人の考え方を自ら進んで想像し、学習課題に沿って繰り返し音読に取り組んだり、自分が感じたことをまとめようとしたりしている。

単元の流れ

次	時	主な学習活動	評価
一	1	福澤諭吉について知っていることを発表する。 動画二次元コードを読み取り、福澤諭吉のしてきたことを知る。 音声二次元コードを読み取り、範読を聞く。 原文と現代語訳を読み、大体の意味を理解する。 リズムよく音読する。 現代と同じことと違うことを考える。 感じたことを学習支援ソフトに入力して、感じ方の違いに気付く。	❶ ❷

授業づくりのポイント

〈単元で育てたい資質・能力〉

　本単元のねらいは、昔の言葉の響きやリズムに親しんで読む力を育むことである。

　普段使わない言葉に親しむためには、二つのステップがある。一つめは、正確な範読を聞き、情報を正しくインプットすること。二つめは、言葉の動きやリズムを味わいながら音読すること。「昔の文を読めた」という体験が親しみをもつことにつながってくる。

　物語文や説明文の学習では内容読解や考えの形成に多くの時間を割いてしまうことが多々ある。だからこそ、本単元のような短時間で設定された学習では、たくさん音読し、言葉がもつリズムを体験的に学べるようにしていきたい。

〈教材・題材の特徴〉

　文語調で書かれた文章ではあるが、リズミカルにまとめられているため、子供にとっては親しみやすい作品となっている。今回紹介する学習展開では、二次元コードを読み取り映像を頼りに範読をしているが、教師が楽しみながらリズミカルに読むことのほうが子供が文章に親近感をもちやすいこと

もある。教材研究の一環として教師自身が音読練習をする時間を確保し、授業で実践できれば学習効果は上がると考えられる。

　明治初期の文章ではあるが、現代語訳が記載されていたり、内容が身近なことだったりするので、子供は読む抵抗を感じにくいことが予想される。

〈言語活動の工夫〉

　繰り返し音読をする際に、音読する方法を選べるようにすることができる。教室を四分割し、自分の好きなグループで練習に励む方法を紹介する。

　【A グループ】二次元コードの映像をスクリーンやテレビで流し、映像の読むスピードに合わせて音読する。読むのが不安な子におすすめの方法。

　【B グループ】友達に音読を聞いてもらって、正しく読めているかどうかをチェックしてもらいながら音読する。人と関わるのが得意な子におすすめの方法。

　【C グループ】学習支援ソフトに記録し、正しく読めているかを自分でチェックしながら音読する。1 人で黙々と取り組みたい子におすすめの方法。

　【D グループ】音楽ソフトの中のメトロノームを使いながら、いろいろなリズムで音読する。同じことをしていると飽きてしまったり、変化を好んだりする子におすすめの方法。

　自分に合った方法で学習することのよさを感じさせられるよう、教師も全てのグループの練習を見て回りながら、よさを認め、励ます言葉をかけることを心がける。

〈ICT の効果的な活用〉

調査：音読練習をする際に自分で二次元コードを読み込むことで、読み方の分からない文字の読み方を調べたり、アクセントを調べたりすることができる。ICT を活用することで、問題を自分で解決する力を育てていきたい。

共有：感じたことを学習支援ソフトに入力することで、友達と自分の感じ方の違いに気付くことができる。その場で共有ができるので学習効果が上がる。

記録：音読の様子を映像や音声で記録することができるので、自分が読んでいる声を客観的に聞くことができる。また、AI を活用すれば、正確に読めているか点数化できる機能を活用して、子供がゲーム的に楽しみながら取り組むことができる。

天地の文

本時の目標
・言葉のリズムに親しみながら音読し、自分の思いを伝えることができる。

本時の主な評価
❶親しみやすい古文を音読して、言葉のリズムに親しんでいる。【知・技】
❷繰り返し音読に取り組んだり、自分が感じたことをまとめようとしたりしている。【態度】

資料等の準備
・ICT 端末
・本文の拡大コピー（ICT 機器で代用可）

【現代と違うこと】
・一年の日数（三百六十日）
・文字

振り返り
・音読をして感じたこと
・文章の内容から感じたこと

授業の流れ ▷▷▷

1 福澤諭吉のことを知る 〈10分〉

○福澤諭吉についての理解を深める。

T 福澤諭吉について知っていることはありますか。

・１万円札の人。

・『学問のすすめ』を書いた人。

T よく知っていますね。次は動画で、福澤諭吉のしてきたことを見てみましょう。

・アメリカやヨーロッパに行ったんだ。

・慶應義塾をつくった人なんだ。

・お父さんの影響で勉強することが好きになったんだね。

・日本の制度を変えようとしたのか。

T そんな福澤諭吉さんが書いた「天地の文」という文章を読んでみましょう。子供向けに書かれた文章ですよ。

2 本文を繰り返し読み、リズムに親しむ 〈20分〉

○二次元コードを使って範読を聞き、現代語訳を読むことで大体の意味を理解する。

T 福澤諭吉はどんなことを言っていたか分かりましたか。

・方角とか１日の時間のこと。

・曜日や年月の分け方も言っていたよ。

○本文を繰り返し読み、リズムに親しむ。

T 昔の言葉で書かれていますが、リズムよく読むと読みやすい文章です。自分に合った方法で音読してみましょう。

○前ページの A〜D グループを紹介する。

ICT 端末の活用ポイント

自分が音読している様子を見たり聞いたりするだけでも子供は盛り上がるだろう。楽しむことで音読に夢中になれるよう刺激を与えたい。

天地の文

1 文章を繰り返し読み、感じたことを書こう。

福澤諭吉の写真

福澤諭吉
・『学問のすすめ』
・慶應義塾をつくる

2 教材文の拡大コピー

3 【現代と同じこと】
・方角、一日の区切り方、曜日、季節

ICT 等活用アイデア

3 現代と比較し、感じたことを学習支援ソフトで見合う 〈15分〉

○現代と比べて、同じことや違うことを考える。

T リズムよく音読していましたね。この文章を読んで、今と昔で同じことや違うことは何でしょう。

・方角も１日の区切り方も曜日も季節も、今と同じです。

・１年の日数が違うくらいかな。

・使っている文字が違います。

○感じたことを学習支援ソフトに入力する。

T 「音読して感じたこと」「文章の内容から感じたこと」などを書いてみましょう。書き終えたら、友達がどんなことを書いているか見て、自分と同じ人や違う人を見付けてみましょう。

ICT で振り返るメリット

①記録が残り続ける
　→次に同じような単元が出てきたときに自分の成長を見て取れる。

②全員で共有しやすい
　→そのときに一斉に共有でき、効率的である。

③記述内容を分類しやすい
　→文面をコピーしたり、ワークシートを色分けしたりできるので、「音読をして感じたこと」と「文章の内容から感じたこと」の区別がしやすい。

第1時
129

集めて整理して伝えよう

情報と情報をつなげて伝えるとき

（2時間扱い）

単元の目標

知識及び技能	・情報と情報との関係付けの仕方、図などによる語句と語句の関係の表し方を理解し使うことができる。（⑵イ）
思考力、判断力、表現力等	・目的や意図に応じて、集めた材料を分類したり関係付けたりして、伝えたいことを明確にすることができる。（B⑴ア）
学びに向かう力、人間性等	・言葉がもつよさを認識するとともに、進んで読書をし、国語の大切さを自覚して思いや考えを伝え合おうとする。

評価規準

知識・技能	❶情報と情報との関係付けの仕方、図などによる語句と語句の関係の表し方を理解し使っている。（〔知識及び技能〕⑵イ）
思考・判断・表現	❷「書くこと」において、目的や意図に応じて、集めた材料を分類したり関係付けたりして、伝えたいことを明確にしている。（〔思考力、判断力、表現力等〕B⑴ア）
主体的に学習に取り組む態度	❸言葉がもつよさを認識するとともに、情報と情報の関係付けの仕方について理解を深め、学習課題に沿って報告書を書き直し、思いや考えを伝え合おうとしている。

単元の流れ

次	時	主な学習活動	評価
一	1	情報を整理して伝える必要性を理解する。 例文を読んで、情報と情報の関係を整理する大切さを感じる。 情報と情報の関係にはどのようなものがあるか知る。	❶
	2	例文を使って、情報と情報の関係を考えて報告書を書き直す。 教科書 p.75の設問に取り組む。 学習を振り返る	❷ ❸

授業づくりのポイント

〈単元で育てたい資質・能力〉

　本単元では、調べた情報をただ書き連ねるだけでなく、伝えたいことをはっきりとさせ、情報と情報を関係付けて整理し、分かりやすく書けるようにすることが大切である。

　ここでは、情報と情報の関係として次の三つが挙げられている。

　①情報Aとその説明（定義）の関係

　②情報Aとその具体例の関係

③複数の情報とその共通点Ａという関係

この三つの関係を理解し、整理しながら書けるようにさせたい。

〈教材・題材の特徴〉

前半で情報と情報の関係付けが例示され、理解するようになっている。そして、後半では書く練習として取り組めるように、空欄のある報告書の例文がある。学習課題に沿って取り組み、空欄に入る言葉や文章を考えていくことで、三つの関係を使って書き直せるようになっている。単に、空欄を埋めて問題を解かせるのではなく、報告書を書いた矢島さんがどんなことを伝えようと考えていたのか、その目的や意図を常に意識させながら、考えさせるようにしたい。

〈他教材や他教科との関連〉

「地産地消」については５年生の社会科で学習している。社会科での学習や総合的な学習の時間と関連させ、住んでいる地域の地産地消について調べ、より身近な話題や情報として報告書を書き、発表することができる。

また、「食育」「給食」と連携して学習することも有意義であると考える。地産地消のメリットを調べたり、給食で取り入れられている地域の食材について報告したりすることで、より身近な話題となり、子供にとっても興味をもちやすい学習になると考えられる。

教材文ではイギリスでの地産地消が紹介されていることから、世界各地での同様の工夫や環境に配慮する工夫などを調べることもできる。総合的な学習の時間との関連や国際理解、外国語活動との関連も考えられる。

〈ICTの効果的な活用〉

調査：教材文の内容と関係する話題、「地産地消」について調べる。自分たちの生活圏の地産地消について調べたり、視野を広げて外国や世界の地産地消について調べたりする。目的や意図によって、違う事例を探すことができる可能性が増える。

表現：文書作成ソフトの推敲のしやすさを利用して、報告文の書き直しに活用する。あらかじめ教材文を入力して子供に配布し、空欄に当てはまる言葉を入れて比べて考えることができる。文章の修正も簡単であるため、何度でも手軽に書き直しさせることができる。発展として、新しい話題を題材として、学習したことを生かして、報告文を作成するなどもできる。

共有：学習支援ソフトを使って、グループや学級全体などで互いの考えを閲覧し、交流できるようにする。考えを書く過程でも互いに参考にし、学び合う活動にもできる。

情報と情報を
つなげて
伝えるとき

本時の目標

・情報と情報との関係付けの仕方、図などによる語句と語句の関係の表し方を理解し使うことができる。

本時の主な評価

❶情報と情報との関係付けの仕方、図などによる語句と語句の関係の表し方を理解し使っている。【知・技】

資料等の準備

・特になし

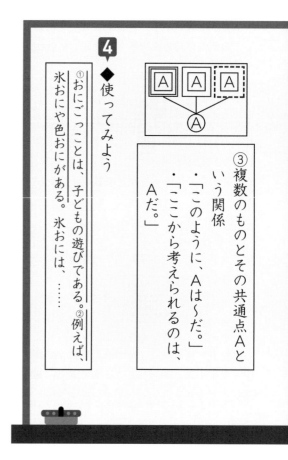

4

◆使ってみよう

③複数のものとその共通点Aという関係
・「このように、Aは〜だ。」
・「ここから考えられるのは、Aだ。」

①おにごっことは、子どもの遊びである。②例えば、氷おにや色おにがある。氷おにには、……

授業の流れ ▷▷▷

1 学習のめあてを知る 〈5分〉

T 矢島さんが「地産地消」について報告文を書きました。この文章を読んで、よさや改善点について考えましょう。

T 地産地消について学習したことを思い出しましょう。

・収穫されたところで消費することです。

・「給食便り」にも載っていました。

・何となくは覚えているけれど、はっきりしないな。

○社会科等で学習した地産地消について想起させる。忘れてしまった、分からないという意見も、後の情報と情報の関係①「定義の関係」の必然性につながるものであるから、大事に扱いたい。

2 報告文を読んで、よさや改善点を考える 〈10分〉

T 矢島さんの報告文のよい点について考えましょう。

・よく調べていると思います。

・イギリスのことまで調べています。

T 改善点について考えましょう。

・地産地消について知らない人は何のことか分からないと思います。

・「フードマイルズ」と「地産地消」にどんな関係があるのか分かりません。

○出ないときは、教科書 p.74にある矢島さんの友達の吹き出しを利用して改善点に意識を向ける。

情報と情報をつなげて伝えるとき

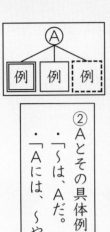

1
1 「地産地消」についての報告文を読み、よさや改善点を考える。
2 情報と情報の関係について知る。

2
◆矢島さんの報告文
〈よさ〉
○いろいろなことを調べて書いている。
○外国のことまで調べている。
〈改善点〉
△「地産地消」について初めて聞いた人は分かりにくい。
△「フードマイルズ」と「地産地消」にどんな関係があるのか分かりにくい。

3
◆情報と情報の関係

Ⓐ＝△

Ⓐ
例 例 例

①Aとその説明（定義）の関係
・「Aとは、〜のことだ。」

②Aとその具体例の関係
・「〜は、Aだ。例えば、〜。」
・「Aには、〜や〜がある。」

---

3 情報と情報の関係について知る 〈20分〉

T　詳しく調べていても、情報と情報にどんな関係があるのかが示されないと、何を伝えたいのか、よく分からないことがあります。分かりやすく伝えるために、情報と情報の関係を整理しましょう。

T　情報と情報の関係について、三つの例を挙げます。

○教科書 p.74にある三つの関係を示す。
　①説明（定義）の関係
　②具体例の関係
　③共通点の関係

4 情報と情報の関係を簡単な例文で使ってみる 〈10分〉

T　三つの関係を使って、「おにごっこ」を話題にしてみましょう。

・最初の文が①の説明（定義）の関係になっています。

T　この三つの関係を使って、短い文章を書いてみましょう。

○短時間で簡単に練習できそうな身近な題材を用意しておく。

・「スポーツとは……」「水族館とは……」「パンとは……」など。

> **ICT 端末の活用ポイント**
> 文書作成ソフトを使って、簡単な報告文をつくって練習させたり、冒頭部分を打ち込んでおいて文章を完成させたりして利用できる。

情報と情報を つなげて 伝えるとき

本時の目標

・集めた材料を分類したり関係付けたりして、伝えたいことを明確にすることができる。

本時の主な評価

❷集めた材料を分類したり関係付けたりして、伝えたいことを明確にしている。【思・判・表】

❸学習課題に沿って報告書を書き直し、思いや考えを伝え合おうとしている。【態度】

資料等の準備

・特になし

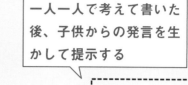

一人一人で考えて書いた後、子供からの発言を生かして提示する

（例）
・このように、環境を考えて、さまざまな取り組みが行われている。
・このように環境にかかる負担を少しでも減らすように工夫されている。

授業の流れ ▷▷▷

1 前時を想起する 〈5分〉

T 前の時間では、分かりやすく伝えるために、情報と情報の関係を整理するとよいことを学習しました。学習したことを生かして矢島さんが「地産地消」について書いた報告文を書き直してみましょう。

T 情報と情報の関係について、三つありました。

○教科書 p.74にある三つの関係を示す。前時の板書や掲示を利用するとよい。
　①説明（定義）の関係
　②具体例の関係
　③共通点の関係

2 報告文を書き直す① 〈15分〉

T 文章の1段落目に、教科書 p.75の「▼」にある情報を加えて文を書き足しましょう。

○定義の関係を確認して書き足させる。

T どんな効果がありますか。

・地産地消について知らない人も、ここを読めば分かるようになりました。

T 「ア」の前後にある情報と情報をつなぐには、「ア」にどのような言葉が入るとよいか考えましょう。前後に、何が書いてあるか確かめましょう。

○前に「ねらいがある」と書かれていること、後に、具体的なねらいが書かれていることを確認する。

・具体例が後に書いてあるから、「例えば」がいいのではないかと思います。

情報と情報をつなげて伝えるとき

1 情報と情報を関係づけて、報告書を書き直そう。

2

1 定義を一段落目に入れる。

・地産地消
「地域生産・地域消費」の略。地域で生産された農産物や水産物を、その地域で消費すること。

2 <u>ア</u> の言葉を使って、前後の情報をつなぐ。

地産地消には、ねらいがある

<u>ア</u>

- 食料を安心して買える。
- 作物のよさを伝えられる。
- 二酸化炭素の量を減らせる。

4 **3**

3 <u>イ</u> に入る共通点を考えて、一、二文程度で書く。

---

3 報告文を書き直す② 〈20分〉

T 「イ」に入るまとめの文章を、2段落目と3段落目に書かれている情報の共通点を考えて、1、2文程度で書きましょう。

・2段落目と3段落目の共通点って何だろう。
・2段落目には、ねらいが書いてありました。
・3段落目には、イギリスのことが書いてあります。共通点は……。
○考えた文章を書かせる。

4 学習を振り返る 〈5分〉

T 書き直した報告文を読んでみましょう。どんな違いや効果がありますか。

・「例えば」という言葉があると、具体例が示されると理解しながら読めます。
・イギリスの「フードマイルズ」について書いてある理由が、分かりました。
・調べた情報をただ書き並べるより、その関係に着目して書いたほうが分かりやすくなります。

T 調べたことを書いたり、文章で報告したりするときに、学習したことを活用しましょう。

構成を考えて、提案する文章を書こう

デジタル機器と私たち　（8時間扱い）

単元の目標

知識及び技能	・原因と結果など情報と情報との関係について理解することができる。((2)ア) ・文と文との接続の関係、文章の構成や展開、文章の種類とその特徴について理解することができる。((1)カ)
思考力、判断力、表現力等	・筋道の通った文章となるように、文章全体の構成や展開を考えることができる。(Bイ)
学びに向かう力、人間性等	・言葉がもつよさを認識するとともに、進んで読書をし、国語の大切さを自覚して思いや考えを伝え合おうとする。

評価規準

知識・技能	❶文と文との接続の関係、文章の構成や展開、文章の種類とその特徴について理解している。(〔知識及び技能〕(1)カ) ❷原因と結果など情報と情報との関係について理解している。(〔知識及び技能〕(2)ア)
思考・判断・表現	❸「書くこと」において、筋道の通った文章となるように、文章全体の構成や展開を考えている。(〔思考力、判断力、表現力等〕Bイ)
主体的に学習に取り組む態度	❹積極的に文章全体の構成や展開を考え、学習の見通しをもって提案する文章を書こうとしている。

単元の流れ

次	時	主な学習活動	評価
一	1	デジタル機器の使い方について考え、提案文のモデルを読む。 学習の流れを確かめる。 学習の見通しをもつ	
二	2 3	グループでテーマを決める。 必要な情報を集め、問題点や解決策など具体的な事例を取り上げて、提案内容について話し合う。	❷
	4・5	提案する文章の構成を考える。	❶❸
	6・7	グループ内で分担を決め、提案文を書く。 説得力があるか確かめ、内容や表現等について推敲する。	❸ ❹
三	8	完成した提案文を他のグループと読み合い、感想を伝え合う。 学習の振り返りをする。	❹

〈単元で育てたい資質・能力〉

　具体的な提案文を書き上げるためには、根拠となる事実と、できることについての具体的な提案事項を整理して、文章全体の構成を考えることが大切である。提案する内容が客観的な事象を基に考えられていることはもちろん、そのことがはっきり伝わるように書くことが求められる。項目相互の関係や文末表現を意識することを心がけたい。

> ［具体例］
> ○教科書で例示されている提案文をモデルとして共通の学習材として扱うようにする。どんな項目が挙げられているか、どの部分に何が書かれているか、構成のモデルとするだけでなく、文末表現もモデル文で丁寧に確かめるようにしたい。例えば、文中の「〜そうだ」「〜と書いてあった」という表現は事実を示すのに使われ、「〜ということが考えられる」は、事実から考えたことを示すときに使う文末表現である。こうした言葉を意図的に使うようにすることが大切である。

〈教材・題材の特徴〉

　子供にとって、デジタル機器を使う場面は、日常化している。インターネットの検索、写真や動画撮影、文字入力など、学習活動に関することはもちろん、ゲームや映像など娯楽的な活動でも多く使われている。ここでは、「こんなふうに使いたい」「こんなことに気を付けたい」等、利用について改善を提案する文章を書く。自分が使っているときに感じたことはもちろんのこと、周囲の人が使っている場面に遭遇して感じたこと等を丁寧に振り返り、課題を見いだすようにしたい。また、提案文という文種の特徴をしっかり捉え、どのような構成や言葉で表現するのか、学びながら進めていくようにしたい。

〈言語活動の工夫〉

　協働して一つの提案文を書く活動である。提案のきっかけ、提案、まとめといった項目を子供で分担して書くことになる。下書きや清書など、記述については個々の取組となるが、提案が具体的に伝わるような文章になるよう、内容の確認や書きぶりについて話し合ったり、書いた文章について推敲をしたりするのはグループでの活動となる。グループで話し合って活動する時間と、1人で活動する時間の区別を大切にしたい。

> ［具体例］
> ○1グループは4人が望ましい。もちろん学級の実態によって多少の変動はあるが、1人が1項目を書くことができることをめやすにグループを編成することを心がけたい。
> ○必要に応じて辞書を引きながら活動できるように学習環境を整えるようにしたい。

〈ICTの効果的な活用〉

　記述：文書作成ソフトを用いて文字入力を行う。子供の分担ごとにシートを分けて準備しておくと、編集もしやすいだろう。

デジタル機器と私たち

本時の目標

・提案文とはどのような文章かつかみ、学習の見通しをもつことができる。

本時の主な評価

・提案文という文章の大まかな特徴をつかみ、学習の見通しをもっている。

資料等の準備

・学習計画を記した模造紙（ICT 機器で代用可。常時掲示して学習の進行を確認する）⤓ 15-01

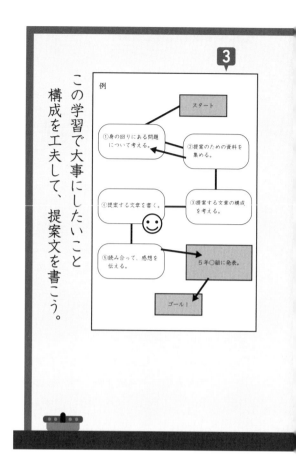

この学習で大事にしたいこと
構成を工夫して、提案文を書こう。

授業の流れ ▷▷▷

1 デジタル機器がどのように使われているか考える 〈15分〉

T デジタル機器を使っていて、「こんなふうに使いたい」「こんなことに気を付けたい」というようなことは、どのようなことでしょう。

・映画館で着信音が鳴ったときは、嫌だなと思いました。

T よりよくデジタル機器と付き合うためにはどうしたらよいか、5年生に提案します。気になることを調べて提案する文章を書きましょう。

ICT 端末の活用ポイント

学習支援ソフトを使って、交流に ICT 端末を活用してもよい。意見を書いて投稿したものを画面上で共有することで、全体の意見を確認することができる。

2 提案文のモデルを読み、特徴について話し合う 〈15分〉

T 提案文とはどのような文章か、モデル文を読んでみましょう。

○教科書 p.80にある提案文のモデルを読み、活動のゴールイメージをつかませる。

T どんなことがどのように書いてありますか。

・提案のきっかけと提案を分けてまとめています。

・「提案のきっかけ」は、体験したことや調べて分かったことと、解決したい課題です。

・「提案」は、具体的な提案の内容と提案が実現したときの効果です。

○具体的な事実が書いてあることや、構成について着目させる。

デジタル機器と私たち

① 学習の見通しをもとう

デジタル機器の使い方で気になること

・歩きながらのスマートフォン
・映画館での着信音
・誰かと会話するときはスマートフォンを見ないようにする

◆デジタル機器のよりよい使い方について、できることを考えて提案文を書く。

② 提案文

・提案のきっかけと提案を分けてまとめている。
・提案のきっかけ……自分の体験や調べて分かったこと
　　　　　　　　　　解決したい課題
・提案……具体的な提案の内容
　　　　　提案が実現したときの効果

---

3 学習のめあてと今後の見通しをもつ 〈15分〉

T　この提案文を書くためにはどんな活動が必要か、教科書で確認してみましょう。

○教科書 p.76を確認し、これから具体的に何をしていくのか、見通しをもてるようにする。

①グループでテーマを決める。

②情報を集めて、提案内容を考える。

③提案する文章の構成を考える。

④提案する文章を書く。

⑤読み合って、感想を伝える。

T　今回は、読む人に説得力をもって伝わるように、提案文の構成を工夫するようにしましょう。

よりよい授業へのステップアップ

目的意識・相手意識をもたせる

　提案文を示す相手を明確にするようにしたい。日常的にデジタル機器に触れる機会が多い同学年の他のクラスの子供や、5年生に発信するとよいだろう。

学習環境を整える

　デジタル機器の使用に関する新聞記事を集めて掲示するコーナーを教室に設けたり、関連する書籍を用意したりするなど、子供が興味をもって調べたり考えたりできるように教室環境を整備する。学校図書館と連携するようにしたい。

デジタル機器と私たち

本時の目標

・提案文のテーマを決めて、必要な資料を集めるための計画を立てることができる。

本時の主な評価

・提案文を書くためのテーマを決め、必要な情報を集める計画を立てている。

資料等の準備

・学習計画を記した模造紙 ⬇ 15-01
・ワークシート（テーマを整理する）⬇ 15-02
・テーマを決めるための参考となる新聞記事や関連書籍

◆ 調べる計画

① 調べるための計画（調べ方）
・本……必要なのはどんな本か、司書さんに相談する計画
・ICT端末……調べることはどんな内容か
・インタビュー…誰に？　いつ？　質問の項目

② 分担

3

授業の流れ ▷▷▷

1 今日の活動を確認し、考える視点を確かめる　〈10分〉

T　この時間は、グループでテーマを決めます。次の視点で、デジタル機器の使い方を振り返り、テーマを見つけましょう。

○教科書 p.77の「テーマを決めるときは」を示し、身の回りの問題を考える視点とする。
・デジタル機器の活用と健康
・デジタル機器の使い方（時間・場所・機能）
・情報の発信
・メールや SNS　等

2 自分たちの経験を話し合い、テーマを決める　〈15分〉

○考える視点を基に、自分たちの経験を話し合い、テーマを決める。

T　テーマを考える視点を基に、それにつながる経験はなかったか話し合いましょう。

・健康について、スマートフォンを使っていたら目が悪くなったと叔父さんが言っていました。
・使い方について、映画館だけでなく、電車の中で着信音が鳴って困ったことがありました。
・情報の発信について、フェイクニュースの問題について記事を読んだことがあります。

デジタル機器と私たち

1 提案文のテーマを決めて、資料を集める計画を立てよう

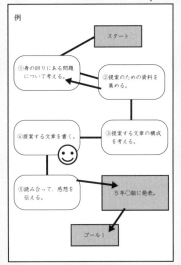

◆テーマを考える視点
・デジタル機器の活用と健康
・デジタル機器の使い方（時間・場所・機能）
・情報の発信
・メールやSNS　など

2 ◆視点から自分たちの経験を話し合い、テーマを決める。

---

3 提案をするために資料を集める計画を立てる　〈20分〉

Ｔ　本やインターネットで調べたり、インタビューをしたりして、テーマについての問題点を明らかにし、その解決策を考えます。調べる計画や分担を考えましょう。

○以下のことを相談する。
　①調べるための計画（調べ方）
　・本……必要なのはどんな本か、司書さんに相談する計画
　・ICT端末……調べることはどんな内容か
　・インタビュー…誰に？　いつ？　質問の項目
　②分担
○次時までに進めておくことを確認する。

よりよい授業へのステップアップ

調べ学習の準備と時間の確保

　調べ学習で大切なのは、関係各所への事前連絡である。この学習では学校図書館に調べに行ったり、アンケートを取る等の調査活動を行ったりすることが考えられる。事前に関係の先生の予定を確認し、その趣意を伝えておくことが不可欠である。その後、担当の子供が、直接お願いに行くことも大事にしたい。

　また、次の時間まで数日間のインターバルを取り、休み時間に活動を進められるようにする。家庭学習とも連携させるとよいだろう。

デジタル機器と私たち

本時の目標
・集めた資料や自分の経験から提案内容を関連させて考えることができる。

本時の主な評価
❷集めた情報を整理して提案内容を考えている。【知・技】

資料等の準備
・学習計画を記した模造紙 ⬇ 15-01
・ワークシート ⬇ 15-03

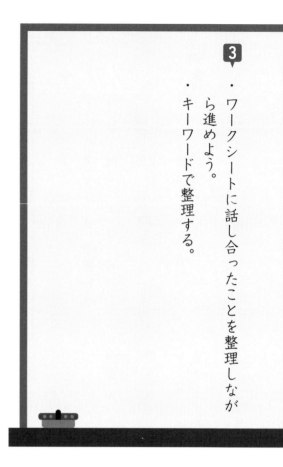

③
・ワークシートに話し合ったことを整理しながら進めよう。
・キーワードで整理する。

授業の流れ ▷▷▷

1 調べて分かったことの報告をし合う 〈10分〉

○例として、最初に数名発表させる。

T どんなことが分かりましたか。

・スマートフォンの着信音が気になった経験のある人が予想以上に多くいました。

・SNS で批判され傷つく人が年々増えているということが分かりました。

T 集めた資料から提案を考えるために、調べて分かったことをグループで報告し合います。机を合わせて、始めましょう。

○何のための報告なのか、目的を明確に示しておく。

2 調べて分かったことから、提案内容を話し合う 〈30分〉

T 次に、提案するために、①現状と問題点、②解決方法や提案の効果など提案の具体的な内容、について話し合いましょう。

○ワークシートに整理してまとめながら話し合うようにする。書きぶりについてはキーワード等で短く整理するようにする。

○教師はそれぞれのグループを回りながら、事実は何か、提案する内容は何か、より具体的な内容になるようにアドバイスをする。

デジタル機器と私たち

テーマについての問題点を明らかにして、提案の内容を考えよう

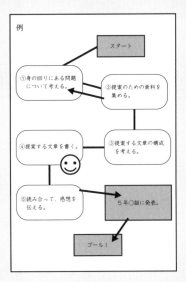

```
例

スタート

①身の回りにある問題
について考える。     →②提案のための資料を
                    集める。

④提案する文章を書く。  ③提案する文章の構成
              ☺    を考える。

⑤読み合って、感想を
伝える。           5年○組に発表。

              ゴール！
```

◆提案内容を考える。

1
◆調べて分かったことを報告し合う。
・スマートフォンの着信音が気になった経験のある人が予想以上に多かった。
・SNSでの批判で傷つく人が年々増えている。

2
①現状や問題点
②解決方法や効果

ICT 等活用アイデア

3 ワークシートを見て、話し合ったことを振り返る 〈5分〉

T　提案するために、①現状と問題点について話し合えたか、②解決方法や提案の効果など提案の具体的な内容、について話し合えたか、確認しましょう。

○ワークシートの該当欄に提案すべきことが書けているかどうかを確認したい。

T　まだ具体的になっていないところは、重点的に話し合って、できるだけ内容が詳しくなるようにしましょう。

○まだ話合いが不十分な点については、残りの時間で重点的に話し合うように助言する。

学習の見通しをもたせる

　どの単元でも、学習のゴールは何か、またどのように進んでいくのか、学習の見通しを子供と共有することは重要である。学習計画を子供に示す際に、電子黒板等の ICT 機器を活用するようにしたい。

　プレゼンテーションソフトや文書作成ソフトを活用すれば、作成が容易であることに加え、修正もしやすい。一方、常設掲示にならないので、この単元の日常的な意識は弱くなる。他の教科の学習とバランスを取るとよいだろう。

デジタル機器と私たち

本時の目標
・提案文の構成を考えることができる。

本時の主な評価
❶提案文の構成について理解している。【知・技】
❸集めた情報を整理して、提案文の構成を考えている。【思・判・表】

資料等の準備
・学習計画を記した模造紙 ⬇ 15-01
・教科書 p.79 の拡大コピー（ICT 機器で代用可）
・色の異なる付箋（３種類）

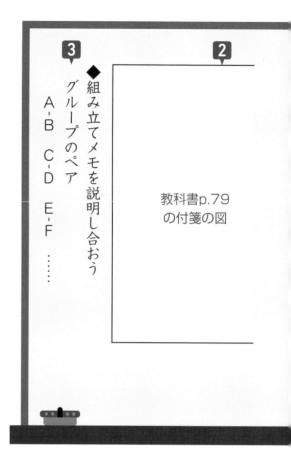

③
◆組み立てメモを説明し合おう
グループのペア
A - B　　C - D　　E - F　……

②
教科書p.79
の付箋の図

授業の流れ ▷▷▷

1 今日の活動を確認し、提案文の構成を確認する 〈15分〉

○今日の活動が全体のどの部分か確認した上で、本時に入る。

T　何かを提案するときは、次のような組み立てで書くと提案の意図や内容が伝わりやすくなります。モデル文のどこにどのように書いてあるか確認しましょう。

○教科書 p.78 の構成を確認し、それぞれ内容のまとまりごとに段落が分けられていることを確かめる。

○教科書 p.80 のモデル文とも照応させながら、構成についてつかむようにする。

2 提案する文章の構成を考えて、組み立てメモをつくる 〈20分〉

T　どのような構成にするか話し合って、色の違う付箋を使って、組み立てメモをノートにつくりましょう。提案が複数ある場合は、提案ごとにまとまりを分けるようにしましょう。

○教科書 p.79 の組み立てメモのモデルを参照する。提案のきっかけは赤い付箋、提案内容は青い付箋、まとめは黄色い付箋を使う。

・○○さんの経験は、きっかけだから、赤い付箋に書くのですね。

デジタル機器と私たち

提案文の構成を考えよう

◆提案文の構成

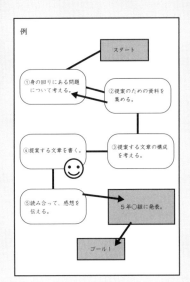

例

①身の回りにある問題について考える。
②提案のための資料を集める。
③提案する文章の構成を考える。
④提案する文章を書く。
⑤読み合って、感想を伝える。
スタート
5年○組に発表。
ゴール！

1
①提案のきっかけ
・自分たちの体験
・調べて分かったこと
・解決したい課題など
②提案
・具体的な提案内容
・提案が実現したときの効果
③まとめ
・読む人への呼びかけ　など

◆モデル文の構成

---

3 他のグループと組み立てメモを読み合う 〈10分〉

T　組み立てメモができたら、他のグループにどのような構成で提案文を書くのか、説明し合いましょう。分かりにくいことがあったら質問をしてください。

○板書でどのグループと交流するのか示す。

○構成メモができたら、他のグループと構成メモを読み合って、組み立てについての意見交換をする。どのような構成で何を書くのかを説明することで、より内容が明確になっていく。「伝わりやすさ」を確認して、気付いたことを助言し合う。

よりよい授業へのステップアップ

書くことにおける学び合い

　分かりやすく伝えられる構成になっているかを確認するために、他のグループとの相互評価の場を設ける。完成した文章を互いに読み合うだけでなく、活動の過程でも相互に意見を交わす場を設け、その意見を参考にしながら活動を進めていけるようにする。その際に交流のペアを意図的に設けるようにしたい。例えば、構成の意識が弱いグループは、しっかり構成できているグループと交流するようにして、自分たちの構成を見直す機会となるようにする。

デジタル機器と私たち

本時の目標
・グループ内で分担を決めて、適切な表現で提案文の下書きを書くことができる。

本時の主な評価
❶提案文の構成を意識して下書きを書いている。【知・技】
❸提案が読み手に伝わるように、構成や書き表し方を工夫して下書きを書いている。【思・判・表】

資料等の準備
・学習計画を記した模造紙 ⬇ 15-01
・教科書 p.80の拡大コピー（ICT 機器で代用可）
・ワークシート ⬇ 15-04
・国語辞典・漢字辞典

内容のまとまりごとに分ける。
・見出しや段落
・箇条書き

教科書p.80の拡大コピー

【課題の原因を説明する言葉】
・〜が起こっている。それは、―だからだ。
・〜によって、―となった。
・原因として考えられるのは、〜

授業の流れ ▷▷▷

1 提案文を書くための表現や言葉を確認する 〈10分〉

T　ここから、提案文を書いていきます。今日はどの部分を誰が書くのか、分担して下書きを書きましょう。まずどのようなことに気を付けるのか確認しましょう。
○教科書 p.80の例を拡大して提示する。
○教科書 p.79に示された内容について、p.80の例と照応させ、書き込みをするなど、具体的にどのように書かれているかを確かめていく。
・「きっかけは〜」という表現で書けそうだな。
・このモデル文を参考に書けばいいですよね。

2 グループで分担を決める 〈10分〉

T　グループで机を合わせて、誰がどこを書くか分担を決めましょう。
○前時に決めた提案文の構成を確認しながら、誰がどの部分を書くか相談して決める。

ICT 端末の活用ポイント
文書作成ソフトを活用する際には、共通の書式を共有できるようにしておく。自分が担当する部分はどれくらいの文字数になるのか、見通しをもたせておくとよい。

デジタル機器と私たち

分担を決めて、適切な表現で提案文の下書きを書こう。

1
・教科書のモデル文を確認。
・分担を確認する。

2
◆提案文を書くために気をつけること

【きっかけを説明する言葉】
・きっかけは〜
・〜ということを知った。
・〜ということがあった。

3

【具体的に説明する言葉】
・例えば、〜
・具体的には、〜
・実際に、〜

例

```
                    スタート
①身の回りにある問題     ②提案のための資料を
について考える。        集める。

④提案する文章を書く。   ③提案する文章の構成
                     を考える。

⑤読み合って、感想を     5年○組に発表。
伝える。

                    ゴール!
```

---

3 提案するときに使う言葉を確認して下書きを書く　〈25分〉

T　提案するときに使うとより読み手に内容が分かりやすく伝わる言葉があります。それぞれの分担に合わせて意識して使ってみましょう。

○教科書 p.79に示された「提案する文章を書くときの言葉」を確認する。
・きっかけを説明する言葉
・課題の原因を説明する言葉
・提案内容や効果を具体的に説明する言葉

T　それでは机を離して自分の分担の下書きを書きましょう。ワークシートを配ります。

○個で集中できるように机を離す。学級の実態によってはそのままでもよい。下書き用のワークシートを配布する。

○国語辞典・漢字辞典を使えるようにする。

ICT 等活用アイデア

文書作成ソフト活用の利点

　ここでは文書作成ソフトを用いて作業を進めてもよい。

　文書作成ソフトを使って書くよさは、書き直しが簡単にできることである。誤字・脱字の修正はもちろんのこと、文を挟み込んだり、消したり、動かしたりすることを簡単に行うことができる。修正の手間を少なくすることは、書くことに対する子供の抵抗感を減らす効果が期待できる。また、分担して書いた文章をまとめる編集も容易であり、分担して執筆する本単元のような活動に適している。

第5時
147

デジタル機器と私たち

本時の目標
・下書きを読み合って、内容や表現等について推敲することができる。

本時の主な評価
❹提案が具体的に伝わるように、グループで下書きを丁寧に練り上げようとしている。【態度】

資料等の準備
・学習計画を記した模造紙 ⬇ 15-01
・国語辞典・漢字辞典

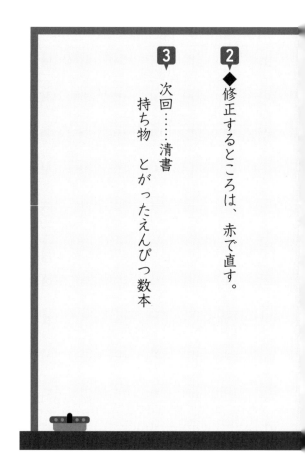

2 ◆修正するところは、赤で直す。

3 次回……清書
持ち物　とがったえんぴつ数本

授業の流れ ▷▷▷

1 検討する内容について確認をする〈10分〉

T　下書きの内容や書き方が、自分たちが提案したいことを分かりやすく伝えられているか検討するために、教科書では、どんなことを検討していますか。

○教科書 p.81 の検討の図で、どんなことを話し合っているか確認し、板書する。
・提案内容を支える事実を挙げながら、説得力のある構成で書いているか。
・提案内容が実現可能で、具体的なものになっているか。

○他にも下書きに気になることがあったら話題にするよう促す。誤字や言葉の使い方についても国語辞典や漢字辞典で確認するように促す。

2 グループで下書きを読み合い、内容や書き方を検討する〈33分〉

T　下書きが書けたグループは読み合って、内容や書き方が、自分たちが提案したいことを分かりやすく伝えられているか検討しましょう。

○修正する部分は赤鉛筆で直すようにする。

○グループで席を合わせて、下書きを読み合い検討事項について話し合う。

T　途中ですが、検討を通して、よりよい提案文になってきたグループがありますので紹介します。自分たちのグループの参考にしてください。

○教師は、机間指導で、どのような話合いが行われているかを確認する。どんなことが話題になり、どのように修正されているのか、活動の途中でも全体に紹介するとよい。

デジタル機器と私たち

自分たちの提案が分かりやすく伝わるか、下書きの内容や書き方を検討しよう。

例

```
                    スタート
①身の回りにある問題        ②提案のための資料を
について考える。           集める。

④提案する文章を書く。      ③提案する文章の構成
                         を考える。

⑤読み合って、感想を        5年〇組に発表。
伝える。

                         ゴール！
```

1

◆下書きを読み合うときの検討事項

・提案内容を支える事実を挙げながら、説得力のある構成で書いているか。
・提案内容が実現可能で、具体的なものになっているか。
＊誤字や言葉の使い方も辞典で確かめる。

---

3 次の時間の見通しをもつ 〈2分〉

○次時の活動を確認する。
T　次の時間は、清書をします。尖った鉛筆を数本用意しておいてください。
○書写の硬筆の指導と連携するとよい。自分が書いたものは、多数の人が読むものになるという意識をもって、できるだけ丁寧に書くように促したい。

ICT 端末の活用ポイント

文書作成ソフトを使った場合、そのままプリントすればよいので、清書の過程を省略できる。一方、手書きには手書きのよさもあるので、学級の実態に合わせて、使い分けるようにしたい。

よりよい授業へのステップアップ

推敲を共有する

　この時間の活動は、各グループに閉じた活動になりがちである。教師が机間指導で見取った学びについてタイミングを見ながら全体に広げるようにしたい。いくつかのグループをモデルとして紹介することで、どのように修正すればよいか、お互いにつかむことができる。

修正も大事な学び

　不十分だったところがどのように修正されたのか、自分たちの思考の流れを意識するために消しゴムは使わず、赤鉛筆で上書きするようにする。

デジタル機器と私たち 7/8

本時の目標
・自分たちの提案が伝わるように書き表し方を工夫して、提案文を清書することができる。

本時の主な評価
❸提案したいことがよく伝わっているか、内容や書き方を確かめながら清書している。【思・判・表】
❹修正点を丁寧に確認しながら、進んで清書しようとしている。【態度】

資料等の準備
・学習計画を記した模造紙 ⬇ 15-01
・清書用ワークシート（原稿用紙）
・国語辞典・漢字辞典
・台紙かファイル（清書をまとめるもの）

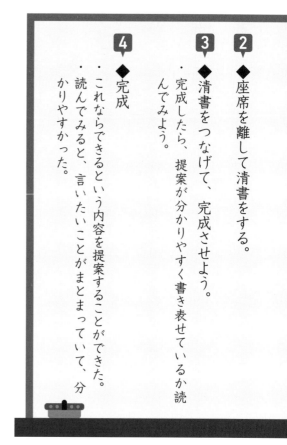

4
◆完成
・これならできるという内容を提案することができた。
・読んでみると、言いたいことがまとまっていて、分かりやすかった。

3
◆清書をつなげて、完成させよう。
・完成したら、提案が分かりやすく書き表せているか読んでみよう。

2
◆座席を離して清書をする。

授業の流れ ▷▷▷

1 清書の際に気を付けることを確認する 〈5分〉

T　修正した下書きを読んで、提案を分かりやすく伝えるためにどんな工夫をしたのか、確認しましょう。

○前時の推敲内容を振り返り、それぞれの子供が、清書する際に気を付けることを確かめる。個々のめあてをもたせることが大切である。

・問題点と合っていないように感じるから、提案に言葉を足して説明を入れるとよいです。

・より具体的にするために、二つの具体例を加えるとよいと思います。

・漢字の間違えに気を付けます。

○何人か子供を指名して発表させ、意識させるとよい。

2 文字の形と修正した部分に気を付けて清書する 〈25分〉

○清書を同時に活動することができるように、分担ごとに必要なワークシート（原稿用紙）を配布する。書き上がった清書をつなげて、一つの提案文にまとめるようにする。

T　清書用のワークシートを渡します。準備ができた人から清書を始めてください。もっと必要な人は後で取りに来てください。

○一人一人席を離すなど、集中して活動できるように学習の場を工夫する。

○必要に応じて漢字辞典や国語辞典を使うことができるように用意しておく。

デジタル機器と私たち

書き表し方を工夫して、提案文を清書しよう。

1 ◆提案文を清書するために意識すること

例

- スタート
- ①身の回りにある問題について考える。
- ②提案のための資料を集める。
- ③提案する文章の構成を考える。
- ④提案する文章を書く。
- ⑤読み合って、感想を伝える。
- 5年○組に発表。
- ゴール！

・問題点と合っていないように感じるから、提案に言葉を足して説明を入れる。（○○）

・より具体的にするために二つの具体例を加える。（△△）

・漢字のまちがえに気を付ける。（□□）

・・・

> 数名発表させ、板書する

> 子供の名前を記入

---

3 清書をつなげて、提案文としてまとめる 〈10分〉

T それぞれが仕上げた清書をつなげて、一つの提案文にまとめましょう。

○グループで席を合わせて、書き上げた清書をつなげる作業を行う。台紙を用意し、順番に貼り付ける方法や、ファイルに本のように綴じる方法が考えられる。

T つなげられたら、完成した提案書をグループ内で読んでみましょう。提案が分かりやすく書き表せているか確認しましょう。

ICT端末の活用ポイント

文書作成ソフトを使うと、分担した文章を一つにつなげる作業は比較的容易にできる。印刷する手間が加わるが、子供の実態を考えながら、活用するようにしたい。

---

4 感想を話し合い、次の時間の見通しをもつ 〈5分〉

T ようやく提案書が完成しました。感想を教えてください。

・これならできるという内容を提案することができました。

・構成をどう工夫するか、よく話し合ったので、読んでみると、言いたいことがまとまっていて分かりやすかったです。

・他のグループの提案文も読んでみたいです。

○完成した実感や特に頑張ったこと、意識して取り組んだことについて共有するとよい。

○次時の活動を確認する。

T 次の時間は、完成した提案書をみんなで読み合って感想を伝えます。

第7時
151

デジタル機器と私たち

本時の目標
・完成した提案文を他のグループと読み合い、感想を伝え合うことができる。

本時の主な評価
❹提案文を読み合い、具体的な提案にするための工夫を見付けようとしている。【態度】

資料等の準備
・学習計画を記した模造紙 ⬇ 15-01
・付箋紙（あるいは感想を書くコメントカード）

---

❹ふりかえり

教科書81ページの観点で自分の学びを振り返り、観点ごとにノートにまとめる。

〈五年〇組に届ける〉
明日の中休みに代表委員が届けに行く。
※担任の〇〇先生には今日中にそのことを伝えておく。

授業の流れ ▷▷▷

1 交流の仕方をつかむ 〈3分〉

T　学習計画の最後の活動になりました。完成した提案文を読み合って、感想を伝え合います。グループの席になってください。他のグループの提案文を回していきます。グループの友達と一緒に読み合って、「説得力があるな」と思ったところを見付けましょう。

○教科書 p.81を見て、活動の内容をつかませるとよい。

○座席はグループの席にしておく。

○付箋紙（コメントカード）を配布しておく。追加分は子供が自分から取りに来られるように、まとめて置いておくとよい。

2 提案文を読み合い、感想を付箋紙に書いて交流する 〈20分〉

T　提案文を読み合って、感想を付箋紙（コメントカード）に書きましょう。書き終えたら提案文の裏に貼り付けて、次のグループに回してください。

○子供が感想を書く場合は、7.5cm 四方の付箋紙が最も使いやすい。コメントカードを作成する場合は12cm× 7 cm 程度の大きさで、学級の実態に応じて罫線を付けておくなど工夫するとよい。

○感想を書く活動は、グループで話したことを一つにまとめる場合は、コメントカードを用いるとよい。一人一人が感想を書く場合は、付箋紙に書くとよい。学級の人数や実態に応じてどの方法を取るか決めるようにする。

デジタル機器と私たち

提案文を読み合って、感想を伝え合おう。

1 ◆他のグループの提案文を読んで見つけよう。
「分かりやすい」と思ったところ
「説得力がある」と思ったところ

2 ◆感想をカードに書いて、提案文の裏に貼り付ける。
提案文は、次のグループへ。

3 ◆自分のグループの提案文に集まった感想を読む。

例

```
                        スタート
①身の回りにある問題          ②提案のための資料を
について考える。            集める。

④提案する文章を書く。        ③提案する文章の構成
            ☺                を考える。

⑤読み合って、感想を        5年○組に発表。
伝える。

                        ゴール！
```

---

3 自分のグループの提案文に
書かれた感想を確認する 〈5分〉

T　自分のグループが書いた提案文を見てみましょう。どんな感想が集まったか、読み合いましょう。

○最後は、読んだ感想が筆者にきちんと届くようにする。書いたものに対して読んだ人から反応が返ってくることが書くことの意欲につながっていく。

・私たちの提案がしっかり伝わったみたいです。書いてよかったです。

ICT 端末の活用ポイント
学習支援ソフトを活用し、コメント機能を使って交流することもできる。その場合はグループの席にする必要もないので、机移動の手間や時間を省くことができる。

4 自分の学びを振り返る 〈17分〉

T　教科書の p.81「ふりかえろう」を見てみましょう。「知る」「書く」「つなぐ」の三つの点について、自分の学びはどうだったか思い出してノートに書きましょう。

○観点ごとにノートに振り返りを記入するように促す。

T　学習の振り返りを発表してください。

○数名の子供に発表させる。

T　提案文をファイルにまとめて、明日の中休みに5年○組に届けます。

○提案文をどのように5年生に読んでもらうかも、ここで示しておく。コピーして部数を増やしたり、ファイルしたものに手紙を添えて渡したりするとよいだろう。

1 第1〜8時資料　学習計画の提示 ⬇ 15-01

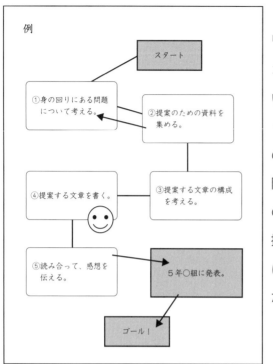

子供に示す学習計画は、左のような「すごろく式」もある。すごろくのようにコマを進めて、今どの位置の活動をしているのかを示す。単線型の学習ではなく、子供の学びの状況に応じて、一つ前の活動に戻ったり、活動が増えたりした際に書き足すことができる（②から①への矢印、5年○組に発表という活動）。授業を進めながら単元計画を修正する際には、活動の経過が一目で分かり、生きた学習の記録となる。

2 第2時資料　ワークシート例 ⬇ 15-02

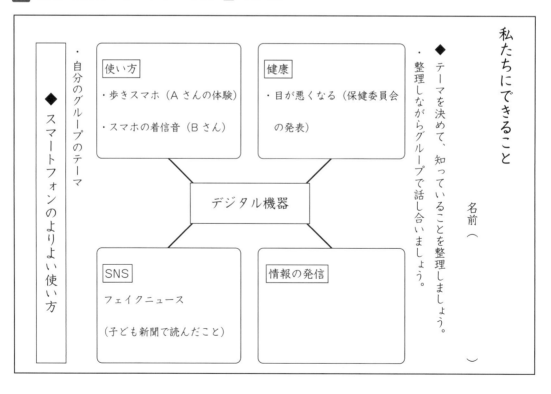

3 第3時資料　ワークシート例 ⤓ 15-03

私たちにできること

名前（　　　　　　）

◆ テーマについての問題点を明らかにして、提案の内容を考えましょう。

・現状と問題点

・歩きスマホ　Aさん　あやうく事故　→危険
　　＊子ども新聞の記事

・着信音　Bさん　映画館　→迷惑　姉の話
　　　　　Cさん　図書館　→利用者の話

・提案内容

使う場所を考えよう
・歩きスマホをやめよう　周囲が見えない
・公共の場所ではスイッチオフ（マナーモードもOK）

4 第5時資料　ワークシート ⤓ 15-04

例　| 題名 |
名前（　　　・　　　・　　　・　　　）

1　提案のきっかけ

①私たちの体験と調べて分かったこと

②解決したい課題

2　提案

　説得力のある文章にするために各項目はどれくらいの文字数でまとめるとよいのか、見通しをもてるように、枠の大きさを変えたり、色分けしたりするとよい。文書作成ソフトを活用する際にも、基本フォーマットの中に入力していくと、推敲や編集の活動がしやすくなるだろう。

夏のさかり　1時間扱い

単元の目標

知識及び技能	・語句と語句との関係について理解し、語彙を豊かにするとともに、語感や言葉の使い方に対する感覚を意識して、語や語句を使うことができる。((1)オ)
思考力、判断力、表現力等	・目的や意図に応じて、感じたことや考えたことなどから書くことを選び、伝えたいことを明確にすることができる。(Bア)
学びに向かう力、人間性等	・言葉がもつよさを認識するとともに、進んで読書をし、国語の大切さを自覚して思いや考えを伝え合おうとする。

評価規準

知識・技能	❶語句と語句との関係について理解し、語彙を豊かにするとともに、語感や言葉の使い方に対する感覚を意識して、語や語句を使っている。(〔知識及び技能〕(1)オ)
思考・判断・表現	❷「書くこと」において、目的や意図に応じて、感じたことや考えたことなどから書くことを選び、伝えたいことを明確にしている。(〔思考力、判断力、表現力等〕Bア)
主体的に学習に取り組む態度	❸積極的に季節を表す語彙を豊かにし、これまでの学習を生かして手紙を書こうとしている。

単元の流れ

次	時	主な学習活動	評価
一	1	「夏」からイメージするものを交流したり、二十四節気、短歌、俳句を読んで、大まかな意味を捉えたりする。	❶❷
		自分の身の回りで感じた「夏」の風景や体験について、手紙に書く。	❸

授業づくりのポイント

〈単元で育てたい資質・能力〉

　本単元のねらいは、二十四節気を中心とした季節を表す言葉に親しみ、語彙を豊かにしたり、語感や言葉に対する感覚を意識して使う力を育んだりすることである。現代は、気候変動の進行や行事に触れる機会の減少などにより、季節を感じられる機会が減っている。そのため、子供にとって、季節にまつわる言葉の語感を醸成したり、語彙を増やしたりすることが難しくなっていると言える。

　本単元では、「春のいぶき」に続き、二十四節気にある夏の言葉や、俳句・短歌から、身の回りにある夏について想起していく。日本における文化や伝統への関心を深めつつ、季節を感じる言葉を豊かにすることが期待される。

○「春のいぶき」での学習も振り返りつつ、二十四節気の言葉の区切りを確かめる。また、夏の言葉の意味を確かめ、身の回りで感じた夏との相違点を探してもよい。
○俳句や短歌を音読し、言葉のリズムや言い回しに親しんだり、普段使い慣れない言葉にも触れさせたりしたい。そこに描かれた夏の情景を思い浮かべることで、夏のイメージを更に広げていくことができるだろう。

〈言語活動の工夫〉

　「夏」にまつわるイメージを膨らませ、言葉をたくさん集めた後、自分が感じた夏の風景や体験を振り返り、伝えたいことを手紙に表す活動に取り組む。

　その際、自分が伝えたい事柄について、どのような言葉を選べばより読み手に伝わるのか、言葉を吟味する姿を育てたい。また、手紙という形式上、相手意識をもち、誰に何を伝えるかを明確にしながら取り組むことが大切である。子供の「伝えたい」という思いを尊重しながら、意欲的に学ぶことができる活動となるようにする。

［具体例］
○自分の身の回りで感じる「夏」について、自由な雰囲気で共有できるよう、導入を工夫するとよい（本時案参照）。その場面を思い返しながら、風景や心情にまつわる言葉を集めていくことで、手紙を書く準備をしていく。
○友達やお世話になった人など、身の回りの人たちを思い出し、伝える相手を意識して手紙を書けるようにするとよい。

〈ICT の効果的な活用〉

共有：ICT 端末の撮影機能を用いて、身の回りの「夏」について写真を撮り、共有してもよい。

整理：ICT 端末のメモ機能や文書作成ソフトを用いて、手紙にしたいことをメモしたり、実際に手紙を書いたりする。手書きにする場合でも、それを下書きとして使うことができる。

表現：手紙だけでなく、描画ソフトを用いて描いた絵や ICT 端末に保存した写真などを添えてもよい。子供が伝えたい風景や体験について、読み手の想像を助けることができる。

夏のさかり

（本時の目標）
・「夏」にまつわる語句に触れて語彙を豊かにし、伝えたいことを進んで手紙に表すことができる。

（本時の主な評価）
❶夏に関する語句について、その語感や意味、使い方を理解し、使っている。【知・技】
・自分の身近な夏について、集めた語句を使って手紙を書いている。

（資料等の準備）
・二十四節気を表すイメージの写真（教科書p.82・83のもの）
・歳時記等の、季語を調べるための資料
・二十四節気の言葉カード

（授業の流れ）▷▷▷

1 二十四節気を確かめ、夏にまつわる言葉に出合う 〈10分〉

T 教科書にある、夏を表す二十四節気にある言葉を確かめましょう。
○写真を示しながら、二十四節気にある夏の言葉について押さえていく。
○暦の上では5月頃から夏とされることを押さえ、日常的に感じる感覚と違うことに気付かせたい。

ICT 端末の活用ポイント

二十四節気にまつわるものでなくても、写真からイメージを共有することもできる。夏にまつわる写真を事前に配布しておいてもよい。

2 俳句や短歌から、夏の様子を想像する 〈10分〉

○教科書 p.82・83にある夏の短歌や俳句を紹介し、音読しながら、言葉の調子や響き、リズムに親しむ。
T これらの短歌や俳句からは、どのような夏の様子が想像できますか。
・夏は夜が短いのかな。そういえば、朝明るくなる時間がだんだん早くなってきています。
・「大暑」という言葉を聞いたことがあります。
・8月が、暦の上で夏ではないことに驚きました。

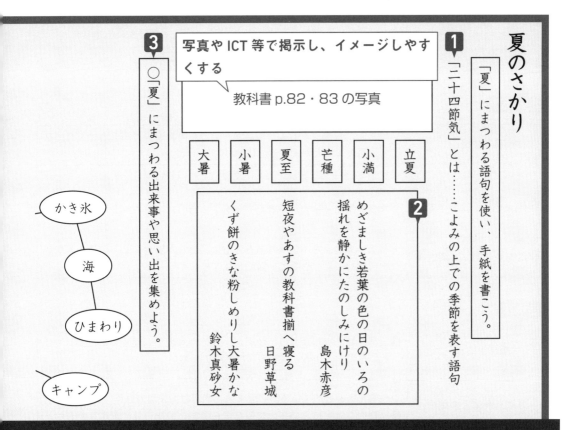

夏のさかり

1 「夏」にまつわる語句を使い、手紙を書こう。

「二十四節気」とは……こよみの上での季節を表す語句

| 立夏 | 小満 | 芒種 | 夏至 | 小暑 | 大暑 |

2

めざましき若葉の色の日のいろの
揺れを静かにたのしみにけり
　　　　　　　　　　　　島木赤彦

短夜やあすの教科書揃へ寝る
　　　　　　　　　　　　日野草城

くず餅のきな粉しめりし大暑かな
　　　　　　　　　　　　鈴木真砂女

3 写真やICT等で掲示し、イメージしやすくする

教科書 p.82・83 の写真

○「夏」にまつわる出来事や思い出を集めよう。

かき氷 — 海 — ひまわり

キャンプ

ICT 等活用アイデア

文書作成ソフトで下書きをする

　本単元は、夏にまつわる風景や出来事から「手紙」を書くという言語活動を設定している。相手意識や目的意識の明確な活動であるため、できれば手書きで仕上げさせたい。

　一方で、下書きをせずに清書を書くことに抵抗のある子供もいるだろう。そこで、文書作成ソフトを活用していく。誤字や脱字が減るだけでなく、書きそびれたエピソードや思いを付け足したり、内容を入れ替えたりすることもできる。子供の実態に応じて、取り入れたい方法である。

---

3 友達やお世話になった人に手紙を書く 〈25分〉

T　自分の生活を振り返り、夏の風景や出来事、体験を思い出しましょう。イメージマップを活用して語句を集めてもいいですね。

・夏のプールが楽しかったことを友達に伝えたいな。

・去年の夏に花火を見たことを思い出したよ。今年も見に行きたいことを家族に伝えよう。

○何を書いていいか分からない子供には、友達と対話させて書きたいことを想起させることも有効である。

○イメージマップは必ずしも使わなくてよい。書きたいことを確かめる方法の一つとして紹介する程度とする。

○手紙の書き方について簡単に押さえておくと、その後の活動がスムーズになる。

私と本／星空を届けたい （5時間扱い）

単元の目標

知識及び技能	・日常的に読書に親しみ、読書が、自分の考えを広げることに役立つことに気付くことができる。((3)オ)
思考力、判断力、表現力等	・文章を読んで理解したことに基づいて、自分の考えをまとめることができる。(C(1)オ) ・文章を読んでまとめた意見や感想を共有し、自分の考えを広げることができる。(C(1)カ)
学びに向かう力、人間性等	・言葉がもつよさを認識するとともに、進んで読書をし、国語の大切さを自覚して思いや考えを伝え合おうとする。

評価規準

知識・技能	❶日常的に読書に親しみ、読書が、自分の考えを広げることに役立つことに気付いている。(〔知識及び技能〕(3)オ)
思考・判断・表現	❷「読むこと」において、文章を読んで理解したことに基づいて、自分の考えをまとめている。(〔思考力、判断力、表現力等〕C(1)オ) ❸「読むこと」において、文章を読んでまとめた意見や感想を共有し、自分の考えを広げている。(〔思考力、判断力、表現力等〕C(1)カ)
主体的に学習に取り組む態度	❹進んで読書の役割に気付き、テーマに着目してブックトークをしようとしている。

単元の流れ

次	時	主な学習活動	評価
一	1	学習の見通しをもつ 本を読むことをきっかけに、どのように知識や考えを広げたり深めたりしてきたか話し合う。 ブックトークをして、読書の幅を広げよう。 ブックトークを聞いて学習課題を設定し、学習計画を立てる。	❶
二	2	印象深い本とそのテーマについて、友達と話す。 テーマに着目して、複数の本を読む。	❷
	3	「星空を届けたい」を読み、テーマについて考える。 ブックトークの手順を確かめる。	❸
三	4	ブックトークのテーマを決め、紹介する文章を書く。	❹
	5	学習を振り返る ブックトークをする。学習を振り返る。	❹

授業づくりのポイント

〈単元で育てたい資質・能力〉

　本単元のねらいは、読書が自分の考えを広げることに役立つことに気付かせ、今後の読書生活の幅を広げていこうとする意欲や態度を育てることである。

　そのためには、読書と自分の関わりや読書が自分に与えてきた影響に客観的に気付くことが大切となる。自分が「どこでどのような本を読んでいるか」、本を読んで「どのようなことに気付いたり、考えや行動が変わったりしたか」を振り返り、友達と共有することで、自分の読書生活や読書の多様な役割について具体的に考えられるようにする。

　また、心に残った本のテーマに着目して話し合うことや、ブックトーク、そこから学んだことの丁寧な振り返りなどを通して、これまでに読んでこなかったテーマの本も読んでみようという意欲をもたせたい。

〈学校図書館との連携〉

　学校図書館や司書との連携を図ることが有効である。必要な資料の準備を依頼するだけでなく、子供が学校図書館を利用して学習を進められるようにしたい。単元の目標や学習計画を伝え、どの時間にどのような支援が必要かを事前に相談しておく。

> ［具体例］
> ○教科書 p.88の例を使いながら、第1時に本のテーマを中心としたブックトークの例を担任が見せることで学習の見通しをもたせる。p.87の本や「共生社会」のテーマの本を司書に準備してもらうとよい。担任ができない場合には、司書に学習のねらいや p.88を提示して依頼する。
> ○司書に子供の選書の支援を依頼する。テーマごとのコーナーを設置してもらったり、「○○のテーマに関する本を読みたい」という個別の相談に対応してもらったりする。第2時の後半は学校図書館に移動して授業をすることも考えられる。

〈言語活動の工夫〉

　子供の読書傾向は実際には偏っていることがよくある。新しい分野や著者、テーマの本に興味を広げるために、グループでブックトークを聞き合う際は発表内容を把握しておき、テーマの異なる子供が組むように配慮することが大切である。

　また、テーマの設定もできるだけ多様になるようにしたい。そこで、学習材「星空を届けたい」を読んで印象に残った部分や筆者の思いに触れて感じたことを自由に話し合わせ、複数のテーマを設定してみることで、テーマの設定の仕方をつかむことができるだろう。

〈ICT の効果的な活用〉

調査：検索をして、学校図書館にはないテーマの本を探したり、紹介する本についての補助的な情報収集をしたりして、ブックトークに生かせるようにする。

記録：文書作成ソフトを用いて、本を紹介する文章を書くことで、考えを効率的に整理、推敲できるようにする。また、ICT 端末の録画機能を用いて、ブックトークの様子を記録し、確認しながら練習をする。

私と本／星空を届けたい

本時の目標
・ブックトークを聞いて学習の見通しをもったり、本が知識や考えを広げることに気付いたりすることができる。

本時の主な評価
❶読書生活についての話合いから、本が知識や考えを広げることに気付いている。【知・技】

資料等の準備
・ブックトークの例に使う本

ブックトークをして、読書の幅を広げよう。

③
④学習計画
　①印象深い本について、友達と話す。
　②テーマに着目して、複数の本を読む。
　③ブックトークをする。

授業の流れ ▷▷▷

1 読書生活を振り返る 〈5分〉

T みなさんにとって、本とはどのようなものでしょうか。これまでどんなときに本を読んだり、どこでどんな本を読んだり、どのくらい本を読んだりしていますか。

・同じ作者の物語やシリーズ物の本をよく読んでいます。

・1か月に2、3冊くらい読んでいます。

・社会科や理科の自由研究で調べ物をしたくて、たくさん借りました。

T この時間は、自分と本との関わりについて考えていきましょう。

○本時のめあてを板書する。

2 本からどう考えを広げてきたか話し合う 〈20分〉

T 本を読んで知ったことや考えたことはありますか。そこからどのように知識や考えを深めたり広げたりしているか、友達と話し合いましょう。

○読んだことのある本をただ紹介するのではなく、本で得た知識の広がりや考えの深まりに目を向けさせる。

○教科書 p.85の例を参考に自分で考えた後、グループで紹介し合う。その後全体で考えを共有し、出た考えを板書する。

・盲導犬の本を読んで介助犬について知り、他の介助犬や「福祉」がテーマの本を他に何冊か読みました。

・地球温暖化の本を読んで、身の回りのエコに気を付けるようになりました。

私と本

1 自分と本との関わりについて考えよう。

○読書生活を振り返って
・物語やシリーズものが多い。
・自由研究の調べもの。

2 ○どう考えを広げてきたか
・盲導犬の本→他の「福祉」の本を読んだ。
・伝記→人を助ける仕事に興味をもった。
・環境の本→エコに気を付けるようになった。
（生活や行動が変わった）

> 本のテーマに着目した意見を板書し、ブックトークのやり方の理解や次時の活動につなげる

---

3 ブックトークを聞き、活動の
イメージを共有する 〈10分〉

T これまであまり興味をもたなかったような本も、たくさんあるのではないでしょうか。これから「私と本」の学習では、自分の読書の幅を広げるために、テーマを決めて本を紹介するブックトークをします。

T まず先生がやってみますので、どのような内容をどんなやり方でやるのか注意しながら聞きましょう。

○単元のめあてを板書する。

○教科書 p.88の例を用いて、教師がブックトークをする。取り上げる本は3冊程度がよい。

○聞き終わったら数名に感想を発表させ、今後の学習への見通しをもたせる。

4 単元の見通しをもつ 〈10分〉

T ブックトークをするために、これからどんな学習をしていくとよいでしょうか。手順を確かめ、計画を立てましょう。

○学習の当事者意識をもたせるために、まずは自分で考える。必要に応じて、教科書 p.84「見通しをもとう」を読んで、学習計画を立てる。

T 今日の学習を振り返りましょう。

・本で知識が増えてきたことが分かりました。そのことをブックトークで紹介したいです。

・本が生活に結び付いていると気付きました。

・ブックトークでどんな本を紹介するか、これから考えていきたいです。

○次時までに、どんな本が心に残っているか思い出しておくように伝える。

私と本／星空を届けたい

本時の目標
・心に残っている本を選び、本のテーマについて考えをまとめることができる。

本時の主な評価
❷これまでに読んできた本の内容や感想を想起し、心に残っている本のテーマについて考えたことをまとめている。【思・判・表】

資料等の準備
・印象深い本（各自）
・ワークシート ⤓ 17-01

★ 同じテーマの本を複数読む。
★ そのうち、三冊をブックトークで紹介する。

授業の流れ ▷▷▷

1 テーマの捉え方について知る 〈15分〉

T ブックトークは、テーマを決めて行うことになっていましたね。本のテーマは、どのように考えたらよいでしょうか。

○めあてを板書する。

○教科書 p.86 を読み、テーマの意味や考え方について確認する。

T まずは、以前に読んだ「帰り道」のテーマを考えてみましょう。

○あらすじや感想からテーマが捉えられること、また、同じ本でもテーマは複数考えられることに気付かせる。

・「帰り道」は、離れていた2人の気持ちが近付いていく話でした。

・2人の気持ちのすれ違いに共感できました。

・友情、友達、人間関係などがテーマです。

2 印象深い本のテーマについて友達と話し合う 〈20分〉

T これまでに読んだ中で、心に残っている本はありますか。その本のテーマについて考えましょう。

○心に残っている本の内容や、読んで考えたことからテーマを考えるようにさせる。できるだけ多様なテーマが出るように、書いているワークシートを見て回り、個別に助言をする。

T 近くの友達と共有しましょう。

○3〜4人のグループをつくり、話し合う。

○分かりにくいところを質問し合うことにより、テーマの多様な捉え方に気付かせる。

私と本

1 本のテーマについて考えよう。

テーマ……本がえがこうとしている題材

帰り道

○内容　離れていた二人の気持ちが近づいて
　　　　いく話

○感じたこと　視点の違い　すれ違いに共感

◎テーマ　「友情」「友達」「人間関係」

←

2 自分の心に残っている本のテーマは？
　→内容や感じたことから考える

3 テーマの例
「友情」「仲間」「努力」「あきらめない」「スポーツ」「福祉」「自然」「平和」など

---

3 テーマを決め、複数の本を読む 〈10分〉

T　本のテーマには、どのようなものがありましたか。

○グループで出たテーマを板書で共有する。

・「友情」「仲間」「努力」「あきらめない」「福祉」「自然」「平和」など。

T　ブックトークに向けて、関心のあるテーマの本を探して読みましょう。

○テーマは教科書 p.87の例も参考にする。
　p.280～284を見たり、学校図書館を活用したりして本を探すようにする。

T　今日の学習を振り返りましょう。

ICT 端末の活用ポイント

地域の図書館にある本を検索したり、紹介する本についての補助的な情報を収集したりして、ブックトークに生かせるようにする。

よりよい授業へのステップアップ

読書活動のポイント

・学校図書館の司書に依頼し、子供が設定したテーマの本を集めてもらったり、本選びの助言をしてもらったりするなどの支援を受ける。

・複数冊の本を読むためには時間が必要である。本単元を他の単元と並行して進めるなど、学習計画を組み替えて行うようにするとよい。

・子供が考えたテーマでは本が見付からないこともあるため、いくつかの候補をもたせておくようにする。実際に発表で紹介する本は読んだ中から原則3冊とする。

本時案

私と本／星空を届けたい 3/5

本時の目標

・「星空を届けたい」を読み、友達と感想を伝え合いながら、本のテーマや紹介の仕方について考えることができる。

本時の主な評価

❸「星空を届けたい」の感想を友達と伝え合ったことを基に、本の紹介の仕方を考えている。【思・判・表】

資料等の準備

・模造紙（またはカメラや ICT 端末等）

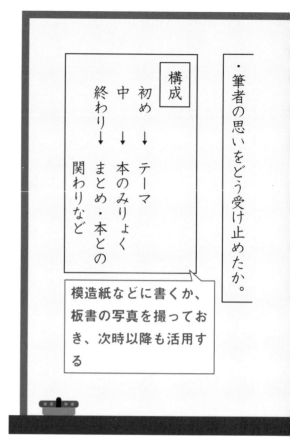

・筆者の思いをどう受け止めたか。

構成
初め → テーマ
中 → 本のみりょく
終わり → まとめ・本との関わりなど

模造紙などに書くか、板書の写真を撮っておき、次時以降も活用する

授業の流れ ▷▷▷

1 「星空を届けたい」を読んで、感想をもつ 〈20分〉

T　前の時間には、ブックトークをする本のテーマを考えましたね。今日は、テーマを中心とした本の紹介の仕方について考えましょう。

○めあてを板書する。

T　これから「星空を届けたい」を読みます。自分だったらどんなテーマで、どのように紹介するか、考えながら読みましょう。

○教師の範読を聞きながら、心に残ったところやテーマにつながりそうなところに線を引かせる。

2 感想や作品のテーマについての考えを話し合う 〈10分〉

T　どのような感想をもちましたか。

・誰もが利用できる物をつくることは、とても大変だけど、大切なことだと気が付きました。

・世の中には、気付かないところで困っている人がたくさんいることが分かりました。

・目が見えない人のために努力を続ける、気持ちの強さが心に残りました。

T　この作品で筆者が伝えたいことは何でしょう。作品のテーマについて話し合いましょう。

・ユニバーサルデザイン。

・共生社会、誰もが暮らしやすい社会。

・社会のこれから。

・人とのつながり。

私と本

1 本のしょうかいの仕方を考えよう。

2 「星空を届けたい」
○感じたこと
・だれもが利用できる物をつくる大切さ。
・気づかないところで困っている人がたくさんいること。
・努力を続ける、気持ちの強さ。 —［本の魅力］
○テーマ
・ユニバーサルデザイン
・共生社会、だれもがくらしやすい社会
・社会のこれから
・人とのつながり —［筆者の思い］

3 ◎しょうかいしたいこと
・おもしろさ。心に残ったところ。
・どこにみりょくを感じたか。

---

3 本の紹介の仕方について考える 〈10分〉

○聞き手の立場で知りたい内容を考えることで、本の魅力が伝わりやすいブックトークの仕方に気付かせたい。

T 「星空を届けたい」のブックトークをするなら、どのようなことを紹介したらよいですか。

・本の面白さや心に残ったところを伝えるとよいです。

・どこに魅力を感じたか伝えたいです。

・筆者の思いをどう受け止めたのか、話したほうがいいです。

T 教科書 p.88の例を読んで、ブックトークの構成を確かめましょう。

○初め、中、終わりの順番や内容、構成について確認する。

4 本時の学習を振り返り、次時の見通しをもつ 〈5分〉

T 今日の学習を振り返りましょう。

・自分が感じた本のよさをまとめることが大切だと思いました。

・筆者の思いをしっかりと読み取って、ブックトークの内容に入れたいです。

・前に読んだ本を、決めたテーマの視点からもう一度読み直したいです。

○ブックトークに向けて、この時間で学んだことは何か、また、下書きの作成に向けて、どんなことをしておいたり、どのような内容の下書きをしたりしたいかを考えるように、振り返りの視点を示す。

私と本／星空を届けたい

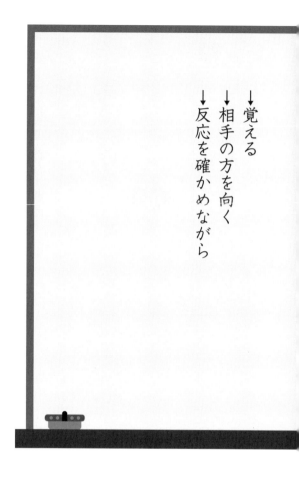

（縦書き板書）
→覚える
→相手の方を向く
→反応を確かめながら

本時の目標

・選んだ本の内容やテーマについて、紹介したいことを明確にしてブックトークの台本を書くことができる。

本時の主な評価

❹テーマとその本を選んだ理由、自分と本との関わりについて考えながら、紹介する文章を書こうとしている。【態度】

・本の内容や感想、優れた表現について触れながら本の魅力を紹介する文章を書いている。

資料等の準備

・ワークシート 17-02
・前時の板書（模造紙や写真）
・ブックトークに使う本

授業の流れ ▷▷▷

1 ブックトークの構成を確かめる 〈5分〉

○使う本を持参させると、台本が書きやすくなる。

T 今日はブックトークの台本を書きましょう。

○めあてを板書する。

T どのような構成や内容で書けばよいのでしたか。

・初め、中、終わりに分けて書きます。

・初めにテーマを、中に本の魅力を、終わりにまとめを書きます。

・面白さや筆者から受け止めた思いが伝わる台本にするとよいです。

2 台本を書く 〈35分〉

T 教科書 p.88「ブックトークの例」も参考にしながら書いていきましょう。

○話の内容や構成を考えやすいよう、ワークシートを用意する。ノートに書きたい子供がいる場合は、自分で選択させる。

○台本は一言一句そのまま話す言葉を書くのではなく、話の流れやキーワードを中心に書くようにさせる。

○子供の進捗状況や内容を見て回り、褒めたり助言を与えたりして、自信をもち安心して書き進められるようにする。

○「終わり」は、第1時を想起させ、改めて自分と本との関わりについて考えて書くよう助言する。

私と本

ブックトークの台本を書こう。

1
◎ しょうかいしたいこと
・おもしろさ。心に残ったところ。
・どこにみりょくを感じたか。
・筆者の思いをどう受け止めたか。

2

| 構成 |
初め → テーマ
中 → 本のみりょく
終わり → まとめ・本との関わりなど

> 前時の学習内容を想起させる

3
○よりよく伝えるために
→本やさし絵を見せながら

---

3 よりよい話し方を確認し、次時への見通しをもつ 〈5分〉

T　ブックトークではどのような話し方をすると、より魅力が伝わりやすくなりますか。

・紹介する本や挿し絵を見せながら話したほうがよいです。

・聞き手のほうを見て反応を確かめながら話したほうが伝わると思います。

T　魅力を紹介する文章を書くときに気付いたことや考えたこと、次回までにしておきたいことを振り返り、ノートに書きましょう。

○次時へ向けて、書き足りない部分の補足や話す練習などの準備をしておくように伝える。

ICT 端末の活用ポイント

録画機能を使ってブックトークの様子を撮影し、それを見ながら練習していくことで、客観的な視点で改善することができる。

よりよい授業へのステップアップ

書くための支援

・なかなか書き始められない子供には、教科書の例文の型に当てはめて書くように促す。

・途中で手が止まっている場合には、選んだ本のどこに魅力を感じたか思い出すよう声をかける。

学び合い

・途中で友達の文を見たり、相互に読んでアドバイスし合ったりする学び合いも有効である。子供の進捗状況を見取り、個別に「○○さんに見せてもらってごらん」と促したり、適宜全体で見合う時間を取ったりする。

私と本／星空を届けたい

本時の目標
・ブックトークに主体的に取り組み、読書生活を豊かにしていこうとすることができる。

本時の主な評価
❹進んで読書が自分の考えを広げることについて気付き、ブックトークによる交流をしようとしている。【態度】

資料等の準備
・前時の板書（模造紙や写真）

❹
◎「私と本」の学習をふり返って
・さまざまな本と出合ってきた
・本のみりょくを考えられた
・いろいろなジャンルの本を読みたい
・同じテーマで本を探すのもよい

授業の流れ ▷▷▷

1 本時のめあてを確認する 〈2分〉

T 今日はいよいよブックトークです。本の魅力が相手に伝わるようにできるといいですね。

○めあてを板書する。

T 友達のブックトークを聞いて、読んでみたい本を見付けたり、自分と本との関わり方について改めて考えたりしましょう。

2 ブックトークを聞き合う 〈28分〉

T グループで順番を決めて、ブックトークを始めましょう。聞く人は質問や感想をメモしておき、聞き終わったら伝えましょう。

○事前にテーマや内容を把握しておく。実態に応じて違うテーマで組み合わせるなど、考えや読書の幅が広がりやすくなるような編成で3〜4人のグループをつくっておく。

○感想も含めて1人につき5分程度で行う。

○各自のテーマと本の一覧を配布し、早く終わったグループは興味のある友達のところへ行って聞き合ってもよいこととすると、より意欲的に取り組める。

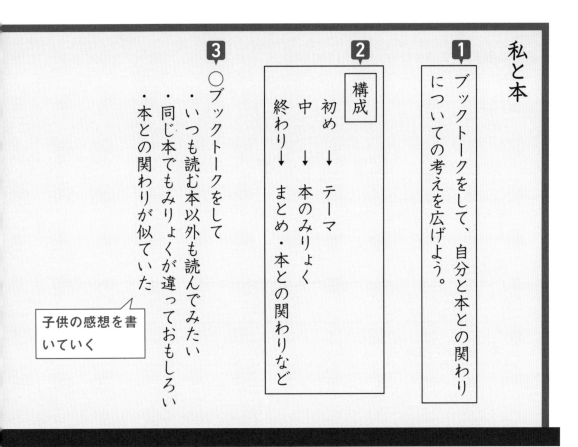

私と本

1 ブックトークをして、自分と本との関わりについての考えを広げよう。

2
┌─────┐
│ 構成 │
└─────┘
初め → テーマ
中　 → 本のみりょく
終わり→ まとめ・本との関わりなど

3 ○ブックトークをして
・いつも読む本以外も読んでみたい
・同じ本でもみりょくが違っておもしろい
・本との関わりが似ていた

［子供の感想を書いていく］

3 ブックトークの感想を共有する 〈5分〉

T　ブックトークの感想を共有しましょう。読んでみたくなった本や、本との関わりについて考えたことはありますか。

・いつも伝記をよく読んでいますが、それ以外の本も読んでみたくなりました。

・読んだことがある本が紹介されたけれど、テーマや魅力が人によって違っていたのが面白かったです。

・○○さんの本との関わりを聞いて、私と似ているなと思いました。

4 単元全体を振り返り、共有する 〈10分〉

T　「私と本」の学習を振り返り、気付いたことや本との関わりについて考えたことをノートに書き、発表しましょう。

・ブックトークで本を選んだことで、これまで様々な本に出合ってきたことに気付きました。

・本の魅力を考えることができました。

・もっといろいろなジャンルの本を読んでみたいと思いました。

・本を選ぶときに迷うこともあったけれど、同じテーマで本を探してみるのもいいと思いました。

○読書が考えを広げることに気付く発言や今後の読書生活について考えた発言を板書する。

私と本

年　　組　　名前（　　　　　　　　　　）

心に残った本のテーマを考えよう

○本の題名

○あらすじ内容

○読んで考えたいこと・感じたいこと

⬇

◎本のテーマ

私と本

年　　組　　名前（　　　　　　　　　　　）

ブックトークの台本を書こう

初め	[テーマ]	
中	[本のみりょく]	
終わり	[まとめ・本との関わりなど]	

詩を味わおう

せんねん　まんねん／名づけられた葉

〔2 時間扱い〕

単元の目標

知識及び技能	・比喩や反復などの表現の工夫に気付くことができる。((1)ク)
思考力、判断力、表現力等	・文章を読んで理解したことに基づいて、自分の考えをまとめることができる。(C オ)
学びに向かう力、人間性等	・言葉がもつよさを認識するとともに、進んで読書をし、国語の大切さを自覚して思いや考えを伝え合おうとする。

評価規準

知識・技能	❶比喩や反復などの表現の工夫に気付いている。(〔知識及び技能〕(1)ク)
思考・判断・表現	❷「読むこと」において、文章を読んで理解したことに基づいて、自分の考えをまとめている。(〔思考力、判断力、表現力等〕C オ)
主体的に学習に取り組む態度	❸粘り強く詩が表そうとしていることを想像し、進んで自分の考えをまとめようとしている。

単元の流れ

次	時	主な学習活動	評価
一	1	題名を読み、学習課題を立てる。 「せんねん　まんねん」を読んだ感想を共有することで、表現の工夫として反復が使われていることを理解する。 反復されているとどのような効果があるかを考える。 題名がどのようなことを表しているか考える。 次時の見通しをもつ。	❶ ❷
	2	題名を読み、学習課題を立てる。 「名づけられた葉」を読んだ感想を共有することで、擬人法が使われていることを理解する。 「名づけられた葉」という題名に込められた意味を考える。 「せんねん　まんねん」との共通点と相違点をまとめる。	❶ ❷ ❸

授業づくりのポイント

〈単元で育てたい資質・能力〉

　本単元のねらいは二つある。詩の表現方法とその効果を理解することと、二つの詩が表そうとしていることを自分なりにまとめる力を育むことである。そのためには、詩の表現方法を知っておくことが前提となる。知識として学んだ表現方法を、実際に詩を読むことで効果を実感し、経験として身に

付けさせていくことが必要となる。表現方法を学ぶことで、作品を自分なりに読み取ることができるようになり、詩の楽しみ方が広がる。

〈教材・題材の特徴〉

　「せんねん　まんねん」では反復する言葉によって、長い時間の流れが繰り返されていることが小気味よく表現されている。「名づけられた葉」では、１枚の葉が自分の命を精一杯生きようとする姿を描くことによって、ただの葉に命が宿ったかのように生き生きと表現されている。作品を読んだ子供は直感的に「反復」「擬人法」という表現方法を理解できる、分かりやすい作品である。

　どちらの作品も「命」を題材とした詩になっている。「せんねん　まんねん」では、絶やすことなく受け継がれる「命」の大切さが伝わってくる。一方、「名づけられた葉」では、一つ一つの「命」の熱量が伝わってくる。

　表現方法と作品の意味を探る力を育てる、という目的を達成するためにぴったりの作品である。

〈言語活動の工夫〉

　本単元では、詩を読むだけにとどまらず「味わう」ことが目的となっている。そこで、子供たちには題名に込められた思いを探り、題名の意味を考えた前後で作品の受け取り方の違いを感じてもらいたい。しかし、題名の意図を探る学習は抽象度が高く、理解しにくいことが想定される。そこでICTを活用し、クラス全員の考え方を共有することで、考える際のヒントにしたり、前の作品の考え方を振り返ったりできるようにしておく。短時間での学習になるので、手立てを工夫して詩を味わうことに重きを置いていきたい。

〈ICT の効果的な活用〉

共有：題名が表していることを考える際に、すぐに考えが思い付かない子供もいる。クラス全員の考えが常に共有された状態にすることで、思考する際のヒントとして活用していきたい。また、他の子の考え方を知ることで、すでにでき上がった考えにも刺激が加えられ、変化する可能性もある。考えを常にオープンな形で共有すると、子供がうまく学習に活用し、効果を得ることができる。

記録：「せんねん　まんねん」を学習したときに考えたことを記録として残しておくことで、「名づけられた葉」を学習する際に役立てることができる。ノートでも同様の効果があるが、「共有」と「記録」という二つの役割をこなせる ICT のほうが今回の学習には向いていると考える。

せんねん まんねん／名づけられた葉 ①／②

本時の目標
・詩の表現の工夫に気付き、理解したことに基づいて、題名が表していることを自分なりにまとめることができる。

本時の主な評価
❶詩を音読して、反復している部分に気付いている。【知・技】
❷詩を読んで理解したことに基づいて、題名に込められた意味を考えている。【思・判・表】

資料等の準備
・詩の拡大コピー（ICT 機器で代用可）
・登場する生き物などの絵 ⬇ 18-01〜07

（板書）

2
反復の効果は？
・時間の流れを感じられる。
・強調できる。

3
「せんねん まんねん」という題名で表したいことは？

4
「名づけられた葉」大事な葉？
どんな詩だろう？

授業の流れ ▷▷▷

1 学習課題を立て、表現の工夫に気付く 〈15分〉

○題名から学習課題を立てる。

T 「せんねん まんねん」という変わった名前の詩を読みますが、題名から感じたことはありますか？

・漢字だと「千年万年」？
・長い時間だなあ。

○詩を音読し、表現の工夫に気付く。

T どんなものが何回出てきましたか。

・ヤシの木、ヤシの実、ミミズ、ヘビ、ワニ、川が 2 回ずつです。

○生き物などの絵を貼っていき、視覚的にも反復されている様子を表す。

T このような表現の工夫を「反復」と言いましたね。

○教科書 p.271 を確認する。

2 表現の効果を共有し、学習課題への答えを考える 〈20分〉

○反復によってどんな効果があるか考える。

T 繰り返されると、読んでいてどう感じますか。

・印象に残ります。
・またか、長いなあと思いました。
・同じことの繰り返し。

○子供の感想を生かして反復の効果をまとめていく。

○題名が表そうとしていることを考える。

T 「せんねん まんねん」という題名で表したいことは何でしょうか。

・生き物はつながっている。
・食物連鎖。
・命が受け継がれている。

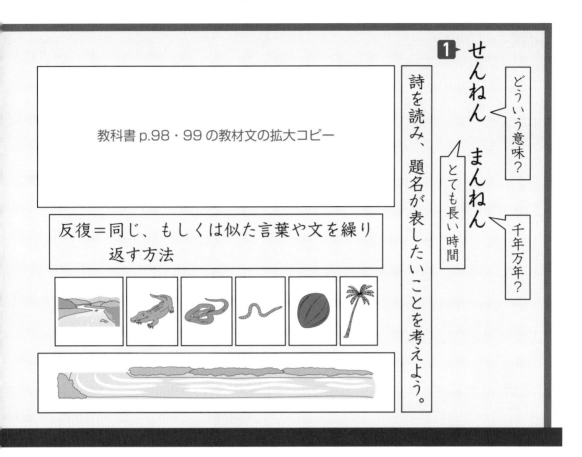

板書例

1 せんねん　まんねん

どういう意味？
千年万年？

とても長い時間

詩を読み、題名が表したいことを考えよう。

教科書 p.98・99 の教材文の拡大コピー

反復＝同じ、もしくは似た言葉や文を繰り返す方法

---

3 学習したことを生かして音読し、詩を味わう　〈5分〉

○子供の考え方を詩と照らし合わせながら全員で確認し、詩を味わって音読する。

T　詩の題名が表したいことを自分なりに考えることができましたね。題名に込められた思いを意識して、もう一度音読をしてみましょう。

・初めは同じことを繰り返す意味が分からなかったけれど、今は命のつながりを表そうとしていたのだと感じました。

・全く同じ言葉を言っているだけなのに、そこに流れていた時間を感じました。

・私たち人間も同じなんだろうなあ。

4 次時の見通しをもつ　〈5分〉

○次は「名づけられた葉」という詩を読むことを知る。

T　次の時間は、「名づけられた葉」という詩を読みます。題名からどんなことが連想されますか。

・大事な葉。

・世界に一つだけの葉。

・誰かへのプレゼント。

せんねん　まんねん／名づけられた葉 ②/②

本時の目標
・詩の表現の工夫に気付き、理解したことに基づいて、題名が表していることを自分なりにまとめることができる。

本時の主な評価
❶詩を音読して擬人化している部分に気付いている。【知・技】
❷詩を読んで理解したことに基づいて、題名に込められた意味を考えている。【思・判・表】
❸進んで自分の考えをまとめようとしている。【態度】

資料等の準備
・詩の拡大コピー（ICT 機器で代用可）

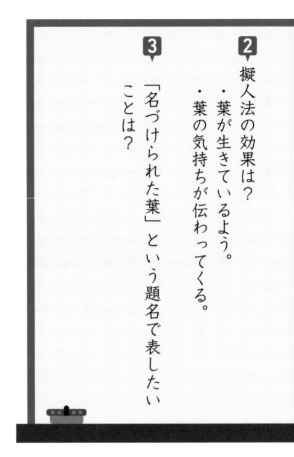

板書（縦書き）:
③
・「名づけられた葉」という題名で表したいことは？

②
擬人法の効果は？
・葉が生きているよう。
・葉の気持ちが伝わってくる。

授業の流れ ▷▷▷

1 学習課題を立て、表現の工夫に気付く 〈15分〉

○題名から学習課題を立てる。

T 「名づけられた葉」という詩を読みます。題名から連想したことはありますか。

・特別な 1 枚。
・育てている植物？
・植物博士が見つけた葉。

○詩を音読し、表現の工夫に気付く。

T どんなものが出てきましたか。

・ポプラの葉です。

T 葉をどのように描いていましたか。

・人間のように動く感じです。
・必死になっています。

T このような表現の工夫を「擬人法」と言いましたね。

○教科書 p.270 を確認させる。

2 表現の効果を共有し、学習課題への答えを考える 〈20分〉

○擬人法によってどんな効果があるか考える。

T 人のように表されていると、読んでいてどう感じますか。

・生きているみたいです。
・気持ちが伝わってきます。

○題名が表そうとしていることを考える。

T 葉の思いが込められた詩の題名「名づけられた葉」で表したいことは何でしょうか。学習支援ソフトに記入しましょう。

・どんなものにも命がある。
・「せんねん　まんねん」と似ている。

ICT 端末の活用ポイント
ソフトに記入された考えを子供全員が見られるようにしておく。前時の学習を生かしたり、他の子の考え方を知ったりできる。

① 名づけられた葉

植物博士が見つけた葉？

特別な一枚？

育てられている植物？

詩を読み、題名が表したいことを考えよう。

教科書 p.100・101 の教材文の拡大コピー

擬人法＝人間でないものを人間であるかの
ように表す方法

---

3 二つの詩を比べ、詩を味わって音読する 〈10分〉

○「せんねん　まんねん」と「名づけられた葉」を比べて、共通点と相違点を考える。

T　二つの詩を比べて似ているところはありましたか。

・命をテーマにしています。

・生きることの大切さを伝えています。

T　違うところはどんなところですか？

・「せんねん　まんねん」は長い時間、「名づけられた葉」は今。

・書き方（工夫や連）が違います。

○もう一度、詩を味わって音読する。

T　詩が表したいことを自分なりに考えることができましたね。詩に込められた思いを意識して、もう一度音読をしてみましょう。

よりよい授業へのステップアップ

文学的な文章を読むことにつなげる

　題名が表すことを考え自分なりの解釈を表現することは、文学的な文章を読む際にも生かすことができる。

　例えば、6年生で扱った「帰り道」。これも題名から「帰り道に何があったの？」「よい帰り道？　悪い帰り道？」「帰った後の2人の道は？」などと多くの問いが立てられる。

　自分たちで立てた問いに自ら解決しようと取り組んでいく学習の醍醐味を味わわせたい。

1 第1時資料　イラスト（ヤシの木）

⬇ 18-01

2 第1時資料　イラスト（ヤシの実）

⬇ 18-02

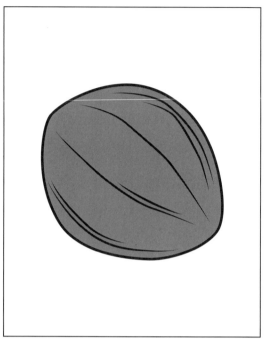

3 第1時資料　イラスト（ミミズ）

⬇ 18-03

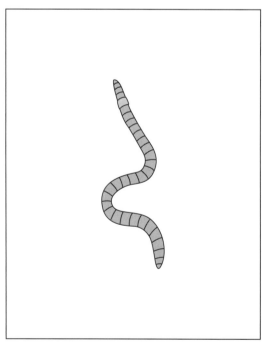

4 第1時資料　イラスト（ヘビ）

⬇ 18-04

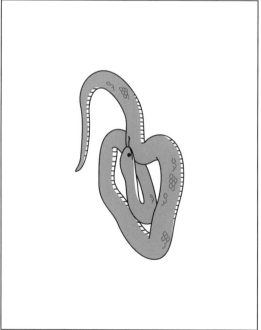

5 第１時資料　イラスト（ワニ）

⤓ 18-05

6 第１時資料　イラスト（川）

⤓ 18-06

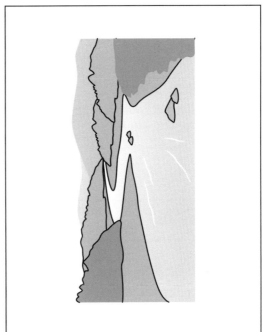

7 第１時資料　イラスト（川）

⤓ 18-07

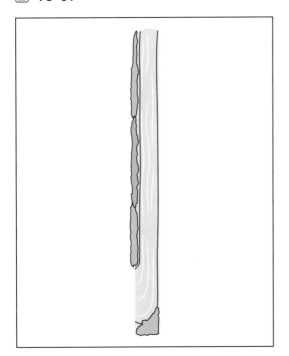

いちばん大事なものは　（2時間扱い）

単元の目標

知識及び技能	・原因と結果など情報と情報との関係について理解することができる。（(2)ア）
思考力、判断力、表現力等	・互いの立場や意図を明確にしながら計画的に話し合い、考えを広げたりまとめたりすることができる。（A オ）
学びに向かう力、人間性等	・言葉がもつよさを認識するとともに、進んで読書をし、国語の大切さを自覚して思いや考えを伝え合おうとする。

評価規準

知識・技能	❶原因と結果など情報と情報との関係について理解している。（〔知識及び技能〕(2)ア）
思考・判断・表現	❷「話すこと・聞くこと」において、互いの立場や意図を明確にしながら計画的に話し合い、考えを広げたりまとめたりしている。（〔思考力、判断力、表現力等〕A オ）
主体的に学習に取り組む態度	❸積極的に考えを広げ、学習課題に沿って考えを尋ね合おうとしている。

単元の流れ

次	時	主な学習活動	評価
一	1	友達と対話することで、自分の考えが広がったり深まったりした経験を思い出す。 全文を読み、学習の見通しをもつ。 これからの生活で大事にしていきたいことや考えについて、ノートに書く。	❶
	2	めあてを確認し、小グループで考えを聞き合う。 グループのメンバーを変えて、考えを聞き合う。 考えの交流を通して、自分の考えがどうなったか振り返る。 対話の意義についてまとめる。	❶❷ ❸

〈単元で育てたい資質・能力〉

　ここでは、互いの立場や意図を明確にしながら計画的に話し合い、考えを広げたりまとめたりする力を育てる。計画的に話し合うとは、決められた話題について、自分の考えをはっきりもち、目的や方法などの見通しをもって話し合うことである。そうした話合いを通して、初めに抱いていた考えが変わったり深まったりする。自分の考えを深めるためには、相手の考えをどのように聞けばよいか考えながら取り組ませたい。

〈教材・題材の特徴〉

　①共通のテーマについて、3人組で互いの考えを交流する。②メンバーを入れ替えて、前のグループでの話合いを確認した上で、話合いの続きを行う。③最後に、最初のグループに戻ってどのような話が出たのか振り返る。

　このようなグループで考えを交流する方法をここでは学ぶ。説明だけでは、活動の流れをつかむことは子供にとって難しい。教科書 p.102の挿絵を拡大したものを提示し、流れを整理した掲示物を示すなどして、活動の流れについて具体的な説明が必要である。活動の見通しをはっきりもてることで、子供が安心して活動できるのである。

［具体例］
○音声言語は消えてしまうものなので、前の意見交流がどのようなものだったか、新しいメンバーに説明することはなかなか難しい。3人のうち1人は説明係として残るようにしたり、そこで出た意見を模造紙等にメモしたりするなどして、聞き合ったことを互いに伝わりやすくする工夫をするとよい。

〈他教材や他教科との関連〉

　本単元は練習単元であり、ここで学んだことを、他の教科・領域の授業でも積極的に行っていくことが大切である。援用していく中で、学んだことが子供に定着していくと同時に、他教科・領域の授業における考えの広がり・深まりが期待できる。

　ただ、子供にとって考えの広がりや深まりが期待できる内容の際に行うように気を付けたい。形だけの意見交流が続いていくと、学習そのものが形骸化してしまう。どの教科のどの単元のどの場面で行うか、計画的に取り入れていくことが大事である。

［具体例］
○「考えを広げたい」「考えを深めたい」という学習場面で、子供がすぐに対話の方法を思い出し、活動できるようにしたい。そのための学習環境を整えておくことが大切である。進め方を拡大して教室に常時掲示したり、学習の様子を写真で残したりしておきたい。

〈ICT の効果的な活用〉

　記録：話合いの様子を動画で記録しておく。どのような言葉で話合いが深まったか、また、どのような聞き方をしていたか、振り返るときの資料にする。

いちばん大事な ものは 1/2

本時の目標
・対話の流れを理解し、テーマについて自分の考えをもつことができる。

本時の主な評価
❶対話が考えを広げたり深めたりすることを理解し、学習の見通しをもっている。【知・技】

資料等の準備
・教科書 p.102 の話合いの様子の拡大コピー（ICT 機器で代用可）

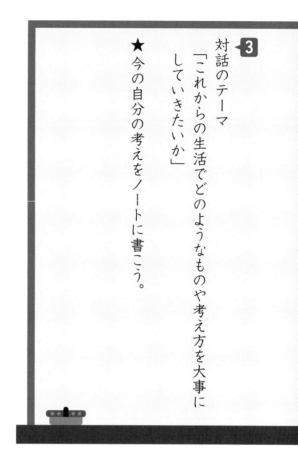

3 対話のテーマ
「これからの生活でどのようなものや考え方を大事にしていきたいか」

★今の自分の考えをノートに書こう。

授業の流れ ▷▷▷

1 これまでの対話の経験を思い出す 〈10分〉

T これまでに友達と考えを交流することで、考えていることが広がったり新しいことに気付いたりしたことはありませんか。
○子供には次の視点を示すようにする。
　・各教科・領域の授業場面
　・学校行事
　・委員会活動やクラブ活動
　・課外活動
○第6学年ともなると、これまでも対話を通して自分の考えが更新された経験を多くの子供がもっている。導入としてこれまでの経験を想起することで、対話の意義を意識させる。

2 教科書を読み、学習の流れを確認する 〈15分〉

○教科書 p.102 の挿絵を示して、ここでの対話の具体的なイメージをもたせる。
T 自分の考えをより広げたり深めたりしていくための対話の練習を行います。
○3人1組
①メンバーを入れ替えて対話の続きを行う。
②必ず前のグループでの話を最初に共有する。
③2回繰り返して、最初のグループに戻り、振り返りをする。
○掲示資料として、学習の流れをまとめて示すなど、子供が必要に応じて流れを確認できるようにしておくとよい。

いちばん大事なものは

1

対話……考えが広がったり深まったりする。

・国語　物語の読みが深まった

・道徳「自由」について考えが広がった

・運動会（き馬戦の作戦）さまざまなアイデアが生まれた

・保健委員会の発表　どんな内容にするか新しい視点が出てきた

2

考えがより広がったり深まったりする対話をしよう。

教科書p.102の拡大コピー

---

3 話合いのテーマについて
自分の考えをもつ　〈20分〉

T　「これからの生活でどのようなものや考え方を大事にしていきたいか」について、対話を通して、考えを深めていきます。今日は自分の考えをまずノートにまとめましょう。

○どうしてそう考えたのか理由に目を向けさせるとよい。

○子供がノートに書いた内容を基に、次の時間の3人組を意図的に編成する。グルーピングは学級の実態によるが、主に次のような視点が挙げられる。

　・今もっている考えの内容

　・対話の技能

　・人間関係

よりよい授業へのステップアップ

学ぶ目的を明確にする

　学ぶ目的をしっかりと子供が意識できるようにする。ここではこれまで経験してきた対話による考えの更新を踏まえて、より多くの人と有意義な交流ができるような対話の方法を練習するという学びの目的を意識化させる。

学びを生かすための工夫

　ここでの対話の方法は資料にして教室掲示に加えるようにする。各教科の授業等で、必要に応じてこの対話を行う場を設け、実際の場で学んだことが発揮できるようにする。

いちばん大事な
ものは

本時の目標

・話合いを通して、自分の考えを広げたり深めたりすることができる。

本時の主な評価

❷話合いを通して、テーマについての考えを広げたり深めたりしている。【思・判・表】

❸対話に進んで取り組み、考えを広げたり深めたりしようとしている。【態度】

資料等の準備

・教科書 p.102の話合いの様子の拡大コピー（ICT 機器で代用可）

```
❸★
  自分の考えをまとめよう。
  書き終えたら、グループで交流する。
```

授業の流れ ▷▷▷

1 めあてを意識し、小グループで考えを聞き合う 〈10分〉

○教科書 p.102の挿絵のように、3人1組で机を合わせておく。教室の人数や子供の実態によっては4人グループができてもよい。

T　テーマについていろいろな人と考えを交流して、自分の考えを広げたり深めたりしましょう。

○ノートを見て、前時にまとめた自分の考えを確認させる。

○掲示資料で対話の流れを確認する。

○グループ内で考えを聞き合う。

ICT 端末の活用ポイント

話合いの様子を動画で記録しておくとよい。どこで話合いが深まったか、振り返りの際に活用することができる。

2 グループのメンバーを変えて、考えを聞き合う 〈25分〉

○掲示資料で流れを確認しながら進める。

T　それでは、グループのメンバー交代です。別のグループになってください。

○別のメンバーになるように声をかける。机はそのままで、子供が移動する。準備ができたところから、前のグループでの話を共有して、考えを聞き合う。このメンバー交代は2回繰り返す。最後に自分のグループに戻るようにする。

○1人は残って他の2人が入れ替わるようにしてもよい。また話の記録が残るように、模造紙等を用意してそこに書き込みながら考えを交流してもよい。その際、残る子供が記録も行う。

いちばん大事なものは

1 考えを交流して、自分の考えを広げたり深めたりしよう

2 対話のテーマ
「これからの生活でどのようなものや考え方を大事にしていきたいか」

教科書p.102の拡大コピー

ICT 等活用アイデア

対話の記録を振り返る

　自分の考えがどう変わったかを振り返ることは大事であるが、自分の考えが、どうして広がったり深まったりしたのか、交流において誰のどんな意見がそのきっかけになったのかについても振り返るとよい。そうすることで自分の考えの変容がなぜ起きたのかを明らかにすることができる。音声言語は消えてしまうので、ICT 端末で話合いの様子を記録し、活用するようにしたい。対話の有効性を自覚することで、対話をすることが自分の学びを豊かにするという意識が高まるのである。

3 自分の考えをもう一度まとめる 〈10分〉

T 「これからの生活でどのようなものや考え方を大事にしていきたいか」について、交流後のあなたの考えをまとめましょう。

○最初にノートにまとめたものと比べながら、まとめるようにする。

T 書いたものはグループ内で読み合うようにしましょう。

○小グループあるいは全体で自分の考えのまとめを紹介し合う。教師は机間指導をしながら子供の考えの変容を見取る。意図的に指名して発表させてもよい。

○最後に、これからも考えを広げたり深めたりするために、このような方法で対話を行うとよいことを確認する。

　対話や交流を通して、テーマについての考えを多角的に深く考えたりするために
は様々な方法がある。ここでは代表的な二つの方法を紹介したい。

1 ワールドカフェ

1回目

アの視点からの話合い

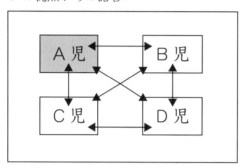

＊同じ視点の小グループで考えを交流す
る。A児は話合いの記録を模造紙に書
き込んでいく。

2回目

アの視点からの話合い

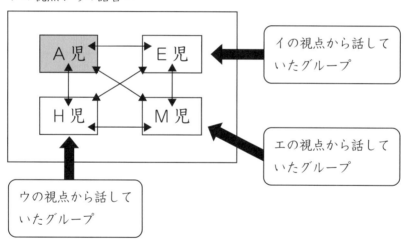

イの視点から話して
いたグループ

エの視点から話して
いたグループ

ウの視点から話して
いたグループ

＊A児以外は、他のグループに散らばり、別のグループから来た子供とグループを
　つくる。ここまでグループで話し合ったことをA児が報告し、別の視点で考えて
　きたグループから意見をもらう。模造紙に引き続き書き込んでいく。

3回目 ＊1回目のグループに戻り、他のグループで話してきたことを報告し合う。

①あるテーマについて、グループ内でAの視点、Bの視点、Cの視点、Dの視点に
　分かれる。

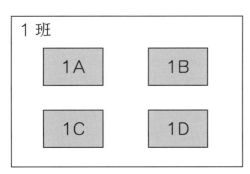

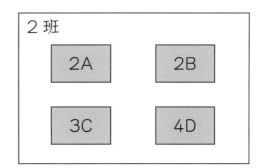

②同じ視点の子供で集まって、その視点で追究するグループを形成し、調べ学習をし
　たり、話合いをしたりして、テーマについてその視点からの考えをもつ。

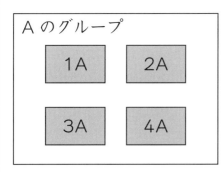

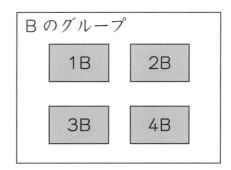

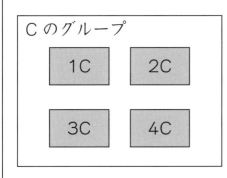

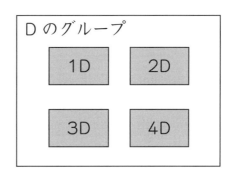

③自分の班に戻って、考えてきたことを報告し合い、それぞれの視点を踏まえて、テー
　マについて話合いを行う。

インターネットでニュースを読もう

（3時間扱い）

単元の目標

知識及び技能	・文の中での語句の係り方や語順、文と文との接続の関係、話や文章の構成や展開、話や文章の種類とその特徴について理解することができる。（⑴カ）
思考力、判断力、表現力等	・目的に応じて、文章と図表などを結び付けるなどして必要な情報を見付けたり、論の進め方について考えたりすることができる。（Ｃ ウ） ・文章を読んで理解したことに基づいて、自分の考えをまとめることができる。（Ｃ オ）
学びに向かう力、人間性等	・言葉がもつよさを認識するとともに、進んで読書をし、国語の大切さを自覚して思いや考えを伝え合おうとする。

評価規準

知識・技能	❶文の中での語句の係り方や語順、文と文との接続の関係、話や文章の構成や展開、話や文章の種類とその特徴について理解している。（〔知識及び技能〕⑴カ）
思考・判断・表現	❷「読むこと」において、目的に応じて、文章と図表などを結び付けるなどして必要な情報を見付けたり、論の進め方について考えたりしている。（〔思考力、判断力、表現力等〕Ｃ ウ） ❸「読むこと」において、文章を読んで理解したことに基づいて、自分の考えをまとめている。（〔思考力、判断力、表現力等〕Ｃ オ）
主体的に学習に取り組む態度	❹進んでニュースサイトの特徴を理解し、これまでの学習を生かしてニュースサイトと新聞を比較して読もうとしている。

単元の流れ

次	時	主な学習活動	評価
一	1	学習の見通しをもつ ニュースサイトを利用した経験を振り返る。 複数のニュースサイトのトップページを見比べ、気付いたことについて交流する。	
二	2	同じニュースを扱ったニュースサイトの記事と新聞記事を比較し、相違点・共通点を考える。 情報を正しく読み取るために大事なことをまとめる。	❶❷
	3	ニュースサイトから興味のある情報を調べ、詳しく調べるための検索方法を共有する。 学習を振り返る ニュースサイトの特徴をまとめる。	❸❹

〈単元で育てたい資質・能力〉

　ニュースサイトの特徴やその読み方を知り、正しく活用するにはどうしたらよいかを考えることが本単元のねらいである。新聞とニュースサイトを複合的に扱い、両者を比較する中でニュースサイトの特性に気付かせるとともに、情報を取捨選択したり複数の情報を関連付けたりする中で、必要な情報を得るためにはどうすればよいかを考えさせたい。また、様々な情報の正誤を的確に判断し、情報の正確な読み取り方について考えさせることも大切である。

〈教材・題材の特徴〉

　インターネット上で発信される膨大な情報から自分が必要とする情報を的確に見付けるためには、その特性について理解することが肝要である。5年生で学習した新聞記事と比較することで、「即時性がある」「関連情報を調べやすい」「画像・映像」といったニュースサイトの特性に気付かせることができる。ICT端末を活用し、実際に自分で検索をしたり記事を読んだりすることで、実感をもって理解を深めることができるだろう。また、教科書に例示された文章を基に、「発信日」や「発信者」、「事実か意見か」といった正しい情報の読み取り方についても理解を深めさせたい。

〈言語活動の工夫〉

　ニュースサイトを比較して気付いたことを交流する場面（第1時）では、話合いの内容を焦点化させることが重要である。様々なニュースサイトを自由に閲覧させるよりも、教師が選定した2〜3のニュースサイトに限定して共通点・相違点を探らせたい。2〜3人でグループをつくり、それぞれが一つのサイトを担当して書かれている情報をまとめ、グループで共通点・相違点を探る方法も考えられる。また、興味のある情報を調べる場面（第3時）では、子供一人一人にテーマを設定させて調べることになるが、共通するテーマの子供でグループ編成をし、それぞれが違うニュースサイトで調べた情報を共有することでニュースサイトの多様性に気付かせることもできるだろう。

　［具体例］

○複数のニュースサイトのトップページを並べた画像を印刷して配布したり、電子黒板や子供のICT端末に映し出したりして特徴を探らせたい。全員が同じページを見ながら考えることで、共通点・相違点を見付けやすくなる。その際、内容に大きな差異が出ないよう、各ニュースサイトの記事は同日・同時刻のものを選定するとよい。

○子供の興味のある情報を事前に調査し、同じテーマの子供3〜4人でグループ編成をする。「天気」ではなく、「台風7号の進路」といったように、できるだけ細かいテーマ設定にするとよい。収集した情報を共有する際には、どのように検索したかを交流することも重要である。

〈ICTの効果的な活用〉

共有：学習支援ソフトを用いてニュースサイトのトップページを共有することで、特徴に気付きやすくさせる。子供の気付きは電子黒板に書き込んでいく。また、子供同士の共有場面では自分が見付けた情報を互いに送受信し合うことで、各サイトの情報の差異を視覚的に捉えることができるようにする。

調査：興味をもった情報を検索し、見付けた情報を文書作成ソフトにまとめる。どのような語句で検索をすれば必要とする情報を見付けけるられるか、実体験を伴って理解できるようにする。

インターネットでニュースを読もう

本時の目標
・ニュースサイトを見比べて気付いたことを交流したり、本単元の学習の見通しをもったりすることができる。

本時の主な評価
・ニュースサイトを使用した経験を振り返り、ニュースサイトによるトップページの違いに気付いている。

資料等の準備
・複数のニュースサイトのトップページを画像印刷したワークシートとその拡大コピー 🔽 20-01

板書（縦書き）

3 実際にニュースサイトにアクセスして確かめよう

共通点
・サイト名
・ジャンルのボタン
・……

相違点
・トップニュースの内容
・ランキング
・……

授業の流れ ▷▷▷

1 ニュースサイトを利用した経験を振り返る　〈10分〉

○ニュースを伝える多様なメディアについて考える中で、ニュースサイトを利用した経験を引き出したい。

T　みなさんやみなさんの家族は、ニュースを何で見ていますか。

・夜にテレビで見ることが多いです。

・家族は仕事に行くときに新聞を持っていっています。

・時間がないときは、スマートフォンでインターネットのニュースを見ています。

○本単元ではニュースサイトについて学習することを伝え、教科書 p.105脚注を基に「ニュースサイト」とは何かを確認する。

○本時のめあてを板書する。

2 ニュースサイトを見て気付いたことをまとめる　〈20分〉

○複数のニュースサイトのトップページを画像印刷した資料を配布し、見比べながら共通点や相違点を考えさせる。

T　ニュースサイトのトップページには、どのような情報が載っているのでしょう。

・サイト名やジャンルのボタンは、どのニュースサイトにもあります。

・トップニュースはニュースサイトによって違います。

○挙げられた特徴を板書に整理してまとめる。

ICT 端末の活用ポイント
ニュースサイトのトップページの画像をプレゼンテーションソフトにまとめて配布する。拡大等も自由に行えるため、比較しやすくなる。

インターネットでニュースを読もう

1

・テレビ
・新聞
・ラジオ
・インターネット

ニュースサイト
……ニュースを配信
しているウェブ
サイト

2

ニュースサイトの特ちょうについて考えよう

複数のニュースサイトのトップページを
画像印刷した拡大コピー（もしくは投影）

ICT 等活用アイデア

端末を利用して共有を

　第1時ではニュースサイトの特徴
を交流するが、ここでも学習支援ソフ
トを用いることで、直接画像に書き込
んだものを即時的に共有することがで
きる。子供たちが見付けた共通点・相
違点がどのような箇所に多いかも視覚
的に捉えることができる。

　本単元ではインターネットのニュー
スサイトを扱うため、単元を通じて
ICT端末を使用する機会も増える。電
子黒板等に子供の端末画面を映し出す
ことで、学級全体での共有も容易にな
るだろう。

3 ニュースサイトの仕組みについて
理解を深める 〈15分〉

○ニュースサイトにアクセスし、ページのつく
　りやジャンルの切り替え方法など、ニュース
　サイトの仕組みを理解させる。
○ここでは、調べる情報を特に指定せず、自由
　に操作しながら意欲を高めさせたい。
T　ニュースサイトはどのような仕組みになっ
　ているでしょう。
・記事をクリックすると詳しい内容が出ます。
・ジャンルのボタンを押すと、記事の一覧が切
　り替わります。
・時間が経つと新しい記事が追加されます。

┌ **ICT 端末の活用ポイント** ┐
学習支援ソフトを用いて、ニュースサイトの
URLを配布し、一人一人が自由にニュースサ
イトを閲覧できるようにする。

インターネットでニュースを読もう ②/③

本時の目標
・ニュースサイトの記事と新聞記事の違いに気付くとともに、情報を正しく読み取るために大事なことについて考えることができる。

本時の主な評価
❶ニュース記事の構成や展開、文章の種類とその特徴について理解している。【知・技】
❷文章と図表などを結び付けてニュース記事から必要な情報を見付けている。【思・判・表】

資料等の準備
・教科書 p.106の恐竜化石に関するニュースを画像印刷したワークシートとその拡大コピー ⤓ 20-02

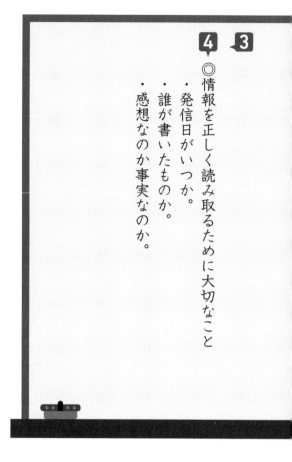

授業の流れ ▷▷▷

1 前時を振り返り、本時のめあてを確かめる 〈10分〉

T　前回は、ニュースサイトの特徴について調べました。どのような特徴がありましたか。
・トップニュースはニュースサイトによって違いました。
・時間が経つと新しい記事が増えていきます。
・記事を検索することもできます。
○前時の拡大コピーを掲示物として残しておくと、スムーズに振り返ることができる。
T　今日は、ニュースサイトと新聞では記事にどのような違いがあるかを考えましょう。
○本時のめあてを板書する。

ICT 端末の活用ポイント
前時に ICT 端末を使用してニュースサイトを見た場合は、そのデータを再び投影することで振り返りをスムーズに行うことができる。

2 ニュースサイトと新聞の記事を比べる 〈15分〉

○教科書 p.106の恐竜化石に関するニュースから、ニュースサイトの記事と新聞の記事の共通点や相違点を考える。
T　同じ内容を扱ったニュースサイトの記事と新聞の記事は、どのような共通点・相違点があるでしょうか。
・記事の内容は同じです。
・ニュースサイトの記事には日付やコメントが入っています。

ICT 端末の活用ポイント
学習支援ソフトを用いて教科書の記事を配布することで、色を変えるなどして視覚的に分かりやすく共通点・相違点を書き込むことができる。

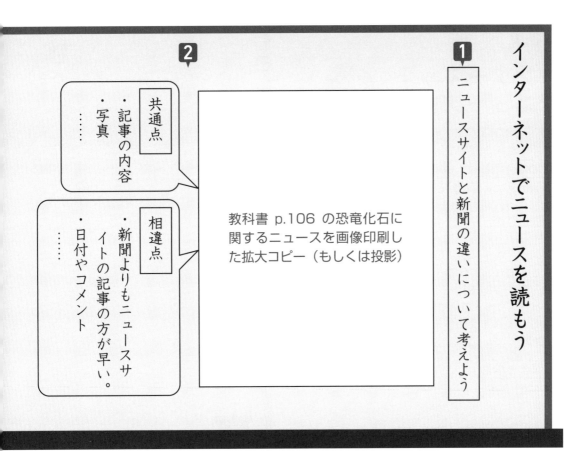

3 教科書に例示された文章の正誤を判断する 〈10分〉

○教科書p.107に例示された文章が記事の内容と合っているかを考えさせる。

T 岩木さんはニュースの内容を正しく伝えているでしょうか。

・発表されたのは今日ではありません。

・名前はヒカリサウルスと命名されています。

・もう二度とないかどうかは分かりません。

○例示された文章のどの部分が、記事のどの部分と異なるかを確認し、拡大コピーに書き込んでいく。

T 実際の記事にはどのように書かれているでしょう。

・発表されたのは23日です。

・ワカバチュウオウサウルスはコメントに書かれている意見です。

4 情報を正しく読み取るために大事なことをまとめる 〈10分〉

○どのような理由で間違ってしまったかを考えさせ、情報を正しく読み取るために大事なことについて考えを及ばせる。

T 岩木さんはなぜ読み間違えたのでしょう。

・コメントと記事の内容を一緒にしてしまっています。

・記事の日付を見ていないのだと思います。

T 情報を正しく読み取るために大事なことは何でしょう。

・発信日がいつか。

・誰が書いたものか。

・事実なのか感想なのか。

○次時は興味をもったニュースを調べることを告げ、同じテーマの子供でグループ分けを行っておく。

インターネット でニュースを 読もう

本時の目標
・興味のある情報を調べ、詳しく調べるための
　方法について考えをまとめることができる。

本時の主な評価
❸インターネットのニュースを読んで理解した
　ことに基づいて、自分の考えをまとめてい
　る。【思・判・表】
❹ニュースサイトの特徴を理解し、学習を生か
　してニュースサイトを読もうとしている。
　【態度】

資料等の準備
・特になし

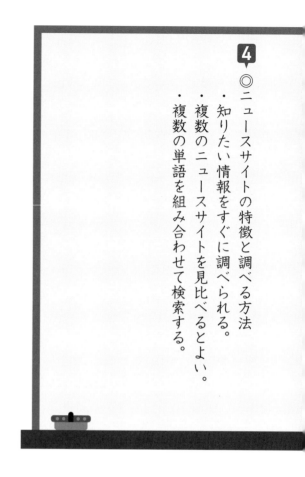

4
◎ニュースサイトの特徴と調べる方法
・知りたい情報をすぐに調べられる。
・複数のニュースサイトを見比べるとよい。
・複数の単語を組み合わせて検索する。

授業の流れ ▷▷▷

1 前時を振り返り、本時のめあてを　確かめる 〈10分〉

Ｔ　情報を正しく読み取るのに大事なことはど
んなことでしたか。
・発信日や発信者を確かめること。
・事実と感想を分けて考えること。
○本時では子供が興味をもったニュースを読ん
　だり、更に知りたいことを検索したりする。
　その際に、正しく情報を読み取れるよう、ポ
　イントをしっかりと押さえておきたい。
Ｔ　今日は、グループごとに決めたテーマにつ
　いて、ニュースサイトを使って自由に調べて
　みましょう。
○本時のめあてを板書する。
○子供の興味のある情報を調査し、事前にグ
　ループ編成をしておく。

2 設定されたテーマについて、　ニュースサイトで調べる 〈10分〉

○事前に決めたテーマについて、ニュースサイ
　トを使って自由に調べさせる。
○調べる内容が広がりすぎないよう、できるだ
　け細かいテーマにしておくとよい。
○グループ内で異なるニュースサイトを使用す
　るよう伝え、分担をさせる。
○一つの記事を読むだけではなく、関連記事や
　検索欄を使ってより詳しく調べさせる。
Ｔ　調べて分かったことはメモを取って、後で
　みんなで共有できるようにしましょう。
○正しく読み取るためのポイントを押さえて、
　調べた内容の要点をメモにまとめさせる。

ICT 端末の活用ポイント

共有時に活用できるよう、テーマについて調べ
たことを文書作成ソフトを用いてまとめる。

インターネットでニュースを読もう

1 テーマについて調べ、ニュースサイトの特ちょうをまとめよう

2 ◎テーマについて調べよう

〈調べるテーマ〉

例) 台風7号の進路

〈分かったこと〉

・時速15kmで北西に進んでいる。

・明日、上陸する見込み。

・・・

3 ◎詳しく調べる方法

・関連記事を調べていく。

・検索欄を使って調べる。

　↓複数の単語を使うとよい。

・他のニュースサイトの情報と合わせると、さらにくわしく知ることができる。

---

3 調べて分かったことや調べ方について共有する 〈15分〉

○ニュースサイトで調べた情報について情報共有を行う。ニュースサイトによる違いに着目させ、多様性に気付かせたい。

○より詳しい内容を知るための検索方法について確認する。

T 詳しく情報を得るために、どのように調べましたか。

・関連記事を読んでいきました。

・複数の単語を使うと、詳しく検索できます。

・友達が調べた情報と合わせると、更に詳しく知ることができました。

ICT端末の活用ポイント

より詳しく調べるための検索方法について共有した後、実際にその方法を用いて調べることで、その有用性に気付かせることができる。

4 ニュースサイトの特徴や情報の読み取り方をまとめる 〈10分〉

○実際にニュースサイトを使用して気付いたことを踏まえ、ニュースサイトの特徴や情報を詳しく調べる方法についてまとめる。

T これまでの学習を踏まえて、ニュースサイトの特徴や情報を調べる方法についてまとめましょう。

・知りたい情報をすぐに調べられます。

・ニュースサイトによって載っている情報が異なるので、複数のニュースサイトを見比べるとよいと思いました。

・複数の単語を組み合わせて検索すると、知りたい情報を知ることができます。

T 単元で学んだこと・これから生かしていきたいことを振り返りましょう。

○学習の振り返りを記入するよう促す。

1 第1時資料　ワークシート　⬇ 20-01

インターネットでニュースを読もう

名前（　　　　　　　　　）

◎ニュースサイトを見て気付いたことをまとめよう。

ニュースサイトの トップページの画像	共通点
ニュースサイトの トップページの画像	相違点
ニュースサイトの トップページの画像	

インターネットニュースを読む

名前（　　　　　　　　　　）

◎ニュースサイトと新聞の違いについて考えよう

教科書 p.106 の恐竜化石に
関するニュースの画像

共通点	相違点

◎情報を正しく読み取るために大切なことは何だろう。

文章を推敲しよう （2時間扱い）

単元の目標

知識及び技能	・文の中での語句の係り方や語順、文と文との接続の関係、語や文章の構成や展開について理解することができる。（(1)カ）
思考力、判断力、表現力等	・文章全体の構成や書き表し方などに着目して、文や文章を整えることができる。（B(1)オ）
学びに向かう力、人間性等	・言葉がもつよさを認識するとともに、進んで読書をし、国語の大切さを自覚して思いや考えを伝え合おうとする。

評価規準

知識・技能	❶文の中での語句の係り方や語順、文と文との接続の関係、語や文章の構成や展開について理解している。（〔知識及び技能〕(1)カ）
思考・判断・表現	❷「書くこと」において、文章全体の構成や書き表し方などに着目して、文や文章を整えている。（〔思考力、判断力、表現力等〕B(1)オ）
主体的に学習に取り組む態度	❸進んで文章全体の構成や書き表し方などに着目し、学習課題に沿って文章を推敲しようとしている。

単元の流れ

次	時	主な学習活動	評価
一	1	友達の文章を読んでいて「どういうことだろう？」と思った経験や自分の伝えたいことが文章でうまく伝えられなかった経験を想起する。 教科書 p.308を読み、推敲の意味を知る。 友達の質問を受けて、桜井さんの文章をどのように推敲するか考える。	❶
二	2	教科書 p.109の桜井さんが推敲した文章を読み、推敲のポイントを考える。 推敲のポイントに着目して、前時に推敲した文章を書き直す。 学習を振り返る	❷ ❸

授業づくりのポイント

〈単元で育てたい資質・能力〉

　この単元のねらいは、文章全体の構成や書き表し方などに着目して、よりよい文や文章に修正できる力を育むことである。そのためには、伝えたいことを筋道の通った文章で伝えることができているか考えたり、読み手に伝わるような書き方の工夫を考えたりする力が必要となる。「伝えたいことを理解してもらえる構成になっているか」「伝えたいことを具体的に書いて分かりやすくなっているか」と文章全体の構成や書き表し方に着目して、文章を読み判断するようにする。また、詳しく書く必要がある場合や簡単に書いたほうが効果的である場合について考えたり、「事実と感想の区別」「考えと根拠のつながり」といった視点で考えたりして、書き表し方を工夫するようにする。

〈教材・題材の特徴〉
　推敲することに焦点を当てた教材である。プラスチックごみを減らすことを提案するために書かれた文章を、友達からの質問を受けて、どのように直すとよいか考える。友達からの質問に答えるための文章を書き加えるだけでは、伝えたいことが明確になるわけではない。「どのように直すと、よりよい文章になるだろうか」と問いかけ、文章全体を丁寧に読み直すようにさせたい。伝えたいことを理解してもらえる文章にするためには、文章全体の構成や書き表し方についても考える必要があるということを押さえて、推敲に取り組む。この教材は新聞記事を引用しているので、「引用する場合には原文を正確に引用すること」や「引用した部分と自分の考えとの関係を明確にすること」といった注意点も押さえる。

〈言語活動の工夫〉
　第1時では、教科書 p.108の設問に取り組み、推敲して考えた文章を書く活動を行う。本文に赤字を書き込むだけでなく、実際に文章全体を書き直すことによって、どのように推敲したのかが捉えやすくなる。第2時では、前時に書いた文章を友達と読み合い、どのように考えて推敲したのか話し合う活動を行う。自分の文章と友達の文章を比較して、よりよい文や文章について話し合う。自分の文章のよいところを見付けるようにすることを大切にする。

> ［具体例］
> ○例えば、文章を書く活動では、本文中の提案文を拡大した用紙を配布して、推敲した部分を赤字で示すようにする。その用紙を基にして、自分が考えて推敲した提案文に書きまとめる。それをもう一度読み直してよりよい文章になったかを考えることで、推敲する上で大切にするポイントを再確認することができる。

〈ICT の効果的な活用〉
整理：文書作成ソフトを用いて本文中の提案文を作成し、学習支援ソフトを通して配布する。構成や展開を整えながら本文を切り取って貼り付けたり、新たな文章を書き加えたりして、推敲した文章をまとめる。書くことに時間がかかることが予想される場合には、活動時間の管理に生かすことができる。

共有：文書作成ソフトを用いてまとめた文章を、学習支援ソフトを活用して学級全体で共有する。いろいろな友達の文章を読んで、分かりやすい点や工夫している点を見付けるといった活動を通して、推敲の仕方についての理解を深めることができる。

文章を推敲しよう

本時の目標
・文の中での語句の係り方や語順、文と文との接続の関係、語や文章の構成や展開について理解することができる。

本時の主な評価
❶文の中での語句の係り方や語順、文と文との接続の関係、語や文章の構成や展開について理解している。【知・技】

資料等の準備
・教科書 p.108の文章の拡大コピー（ICT 機器で代用可）

（板書）

桜井さんの文章を自分で書き直す。

4 友達と読み合って、質問への答え方を確認する。

授業の流れ ▷▷▷

1 本時のめあてを確認する 〈10分〉

○友達の文章を読んでいて「よく分からない」と思った経験や自分の伝えたいことが文章でうまく伝えられなかった経験を想起してから、本文に入る。

T　文章を読んでいて「どういうことだろう？」「よく分からない」と思ったことはありますか。それはどうしてですか。

・１文が長く、主語と述語が一致していないので、よく分からないことがありました。

・話が具体的でないため、何を伝えたいのかはっきりしないことがありました。

T　文章を書いた後に推敲することがとても大切ですね。

○本時のめあてを板書する。

2 推敲の意味を確認する 〈5分〉

T　推敲の意味を確認しましょう。

○教科書 p.308の「推敲」の意味を読む。

T　「形式や表現を適切な形に整える」とはどういうことでしょうか。

・語尾を統一することです。

・段落に分けます。

・主語と述語を正しくつなげるとよいです。

・語順や文と文とのつながりを正しくします。

○形式や表現について、これまでの学習を振り返り、具体的な推敲をイメージさせる。

T　桜井さんの文章を読んでみましょう。

○教科書 p.108の文章を拡大コピーしたものを黒板に貼る。

○誤字や脱字はないことから、それ以外に何を推敲するとよいか、考えさせる。

文章を推敲しよう

1 推敲の意味を知り、文章を推敲しよう

2 推敲　書いた文章をよりよくすること
○誤字・脱字
○形式……段落　など
○表現……主語・述語のつながり
　　　　　語順、接続語　など

〈友達の質問〉 **3**
・SDGsの目標
・新聞名
・取り組み

段落分けは？

教科書 p.108 の文章の拡大コピー

---

3 文章を推敲する　〈15分〉

T　桜井さんの文章を読んで、友達は次のように質問しました。これを受けて、どのように文章を直すといいでしょうか。
・SDGsの目標を具体的に書くとよいです。
・新聞の名前を入れます。
・具体的な取り組み方法を書くことです。
○段落を分けていない点に気付かせたい。どのように段落を分けるとよいか考えさせる。
T　桜井さんの文章を推敲して、書き直しましょう。
○直すところは赤字などにして、推敲した箇所を分かりやすくする。

ICT 端末の活用ポイント
文書作成ソフトで本文を作成する。学習支援ソフトを通して子供に配布し、推敲させる。

4 推敲した文章を読み合い、学習を振り返る　〈15分〉

T　推敲した文章を友達と読み合いましょう。
○友達の質問にどのように答えているか確認しながら読む。
○自分の文章と比較して、よいところを見付けて友達に伝える。
T　学習を振り返りましょう。
○どの点に注意して推敲したのか具体的に書く。
○推敲して気付いたことなどを振り返る。

ICT 端末の活用ポイント
文書作成ソフトを用いて推敲した文章を、学習支援ソフトを活用して学級全体で共有する。コメント機能を使って、よいところを友達に伝える。

文章を推敲
しよう

2/2

本時の目標
・文章全体の構成や書き表し方などに着目して、文や文章を整えることができる。

本時の主な評価
❷文章全体の構成や書き表し方などに着目して、文や文章を整えている。【思・判・表】

資料等の準備
・教科書 p.109 の文章の拡大コピー（ICT 機器で代用可）

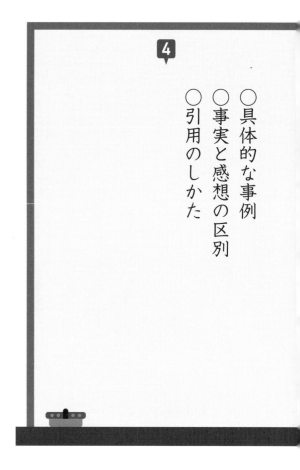

○具体的な事例
○事実と感想の区別
○引用のしかた

4

授業の流れ ▷▷▷

1 本時のめあてを確認する 〈5分〉

T 前時に文章を推敲しました。どの文章を書き直したり、書き加えたりしましたか。
○前時に推敲した文章を読んで考えさせる。
・SDGs の目標を具体的に書き直しました。
・引用元の新聞名を書き加えました。
・文章を読んだ人がどうすればいいか、具体的な取り組みを書き加えました。
T 友達に質問されたところを直して、より分かりやすい文章になりましたか。
・分かりやすくなったと思います。
・もう少し書き直したほうがよくなると思います。
T どのように直すと、よりよい文章になるか考えましょう。
○本時のめあてを板書する。

2 推敲のポイントを考える 〈10分〉

T 桜井さんは、この文章で何を伝えたかったのでしょうか。
・プラスチックのごみを減らすことです。
・「プラスチックのごみが減るような取り組みをしましょう」ということです。
T 桜井さんは、友達の質問を踏まえて次のように推敲しました。読んでみましょう。
○教科書 p.109 の文章を拡大コピーしたものを黒板に貼り、音読する。
T 桜井さんはどこを直したり書き加えたりしていますか。考えましょう。
・文章の構成を 3 段落にしています。
・感想と事実を段落に分けて書いています。
・新聞名を文章と分けて書いています。
・取り組み例を挙げています。

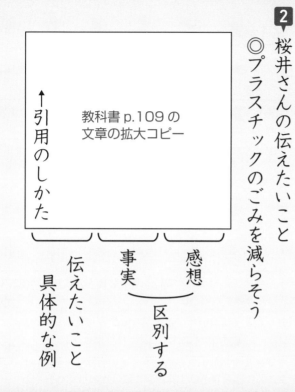

文章を推敲(こう)しよう

1 推敲のポイントを考えて、さらにより よい文章に直そう

2 桜井さんの伝えたいこと
◎プラスチックのごみを減らそう

感想
事実 ｝区別する
伝えたいこと 具体的な例
↑引用のしかた

教科書 p.109 の
文章の拡大コピー

3 〈推敲のポイント〉
○文章全体の構成

---

3 推敲のポイントに着目して、
前時の推敲を見直す 〈15分〉

T 推敲のポイントを整理しましょう。

・文章全体の構成。

・具体的な事例。

・事実と感想を区別する。

・引用の仕方。

T これらのポイントに注意して、前時に推敲 した文章をもう一度見直して、書き直しま しょう。

○推敲のポイントに注意して、前時に推敲した 文章をもう一度推敲して書く。

> **ICT 端末の活用ポイント**
> 文書作成ソフトを用いて推敲する。推敲した文 章は、学習支援ソフトを活用して、教師宛に提 出する。

4 推敲した文章を読み合い、
学習を振り返る 〈15分〉

T 推敲した文章を友達と読み合いましょう。

○推敲のポイントに注意して、友達の文章を読 む。

○自分の文章と比較して、よいところを見付け て友達に伝える。

T 学習を振り返りましょう。

○文章全体の構成や書き表し方の工夫など、推 敲するポイントを押さえる。

○推敲して気付いたことや分かったことなどを 振り返る。

> **ICT 端末の活用ポイント**
> 文書作成ソフトを用いて推敲した文章を、学習 支援ソフトを活用して学級全体で共有する。コ メント機能を使って、よいところを友達に伝え る。

漢字の広場② （1時間扱い）

単元の目標

知識及び技能	・第５学年までに配当されている漢字を書き、文や文章の中で使うことができる。((1)エ)
思考力、判断力、表現力等	・書き表し方などに着目して、文や文章を整えることができる。(B(1)オ)
学びに向かう力、人間性等	・言葉がもつよさを認識するとともに、進んで読書をし、国語の大切さを自覚して思いや考えを伝え合おうとする。

評価規準

知識・技能	❶第５学年までに配当されている漢字を書き、文や文章の中で使っている。(〔知識及び技能〕(1)エ)
思考・判断・表現	❷「書くこと」において、書き表し方などに着目して、文や文章を整えている。(〔思考力、判断力、表現力等〕B(1)オ)
主体的に学習に取り組む態度	❸第５学年までに配当されている漢字を積極的に使い、これまでの学習を生かして出来事を伝える記事を書こうとしている。

単元の流れ

次	時	主な学習活動	評価
一	1	漢字の読み方を確認する。 例文を使って教科書の挿絵と漢字を照らし合わせる。町で起こっているいろいろな出来事を想像する。 漢字を適切に使って、遊園地での人々の行動を伝える文章を書く。 書いた文章を読み合う。	❶ ❷❸

授業づくりのポイント

〈単元で育てたい資質・能力〉

　本単元のねらいは、５年生までに学習した漢字を正しく読んだり書いたりし、文や文章の中で適切に使う力を育むことである。

　既習の漢字が、日常の活動で使われていない実態をよく目にすることがある。その原因の一つは、学習した漢字を使って文章を書く経験が少ないことである。また、漢字の学習は反復練習が主となりがちで、文脈の中でどのように使用していけばよいか、子供自身が理解しないでいることも多い。更に、漢字の学習は個人作業になりがちであり、漢字に対して親しみを感じにくい子供もいるであろう。

　本単元では、友達と協働しながら漢字を学んだり使ったりすることで、漢字に親しみ、今後の文や文章を書く中で漢字を意欲的に使おうとする姿を育んでいきたい。

〈教材・題材の特徴〉
　遊園地の様子を挿絵と言葉で表している。挿絵の中で取り上げている言葉は、遊園地での人々の行動や様子であり、日常生活に関わりのある言葉も多い。実際の言語使用場面と言葉の意味を関連させながら文章をつくることのできる教材である。また、文章を書く中で「許可」と「許される」や「規則」と「きまり」など、5年生で学習した「和語・漢語・外来語」を生かし、漢語を和語に言い替えてみることで受ける印象の違いを味わうこともできる。最終的には、相手や目的、文種などに応じて使用する語句を意図的に選んだり使い分けたりする姿を育てていきたい。

〈言語活動の工夫〉
　本単元では、「遊園地での人々の行動を作文に書く」という言語活動を設定する。実際に遊園地に行ったという設定で、そこで発見した人々の行動を小グループで話し合いながら、できるだけ多くの文章を書き溜めていく。

[具体例]
○教科書に示された例文「銅像の前で、記念写真をとっています。」をモデルにして、「どこで」「何をしている」かが分かるように文を書くようにするとよい。（例）「植えこみの前で、似顔絵をかいてもらっている人がいます。」「遊園地の入口の近くには、ベビーカーの貸し出しをしている人がいます。」
○学習した漢字を文や文章の中で適切に使う力を育むためには、個別の活動の時間を保証することが大切である。一方、自分の文章をより豊かにするために、友達と意欲的にコミュニケーションを図りながら、書く題材を集め、文章の中で適切に漢字を使う姿も期待したい。友達と話し合い、同じ文章を書いても違う文章を書いてもよいような、ゆるやかなルールを設定してもよい。
○友達と楽しみながら作文を書く中でも、主語と述語の関係や、助詞、指示語、接続語などの使い方を意識できるように、注意すべき点を黒板に掲示するとよい。

〈ICT の効果的な活用〉
共有：でき上がった作文を ICT 端末で写真に撮り、学習支援ソフトで共有することで、語句や文の意味、受ける印象などを比較できるとよい。漢字を綴ることは大切な学習であるが、子供の実態に応じて文書作成ソフトなどで文をつくることも考えられる。

漢字の広場②

本時の目標

・第5学年までに配当されている漢字を書き、出来事を説明する文や文章の中で使うことができる。

本時の主な評価

❶第5学年までに配当されている漢字を書き、文や文章の中で使っている。【知・技】
❷書いた文章を読み直し、表現の適切さを確かめている。【思・判・表】
❸第5学年までに配当されている漢字を積極的に使い、これまでの学習を生かして出来事を伝える記事を書こうとしている。【態度】

資料等の準備

・作文を書く用紙またはノート
・国語辞典、漢字辞典

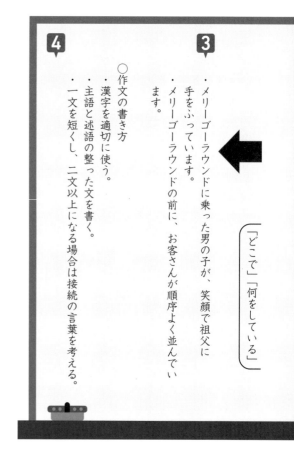

3
・メリーゴーラウンドに乗った男の子が、笑顔で祖父に手をふっています。
・メリーゴーラウンドの前に、お客さんが順序よく並んでいます。

「どこで」「何をしている」

4
○作文の書き方
・漢字を適切に使う。
・主語と述語の整った文を書く。
・一文を短くし、二文以上になる場合は接続の言葉を考える。

授業の流れ ▷▷▷

1 5年生で習った漢字の読み方や書き方を確認する 〈10分〉

T　ペアになり、漢字の読み方や書き方の問題を出し合いましょう。

○常に一斉指導で読み方や書き方を確認するのではなく、子供同士で確認し合うことも意欲を高める学習方法である。1人が出題者、もう1人が解答者となり、クイズ形式で読み方や書き方を確認させる。

○正しく書くという点を押さえ、分からなかったり自信がもてなかったりする場合は、互いに教え合うように助言する。

2 挿絵と漢字を照らし合わせて、行動を想像する 〈5分〉

T　挿絵と漢字を照らし合わせて、人々の行動を想像してみましょう。

○教科書の例文や教師のモデル文を参考にして、挿絵と漢字を照らし合わせていくことで、「遊園地での人々の行動を書く」というイメージをもたせる。

○詳しく見ている子供の意見を広めたり、想像できることを発表させたりして、文章を書くための材料をたくさん見付けさせるとよい。

1

教科書 p.110 の拡大コピー
（もしくは画像を投影）

2

遊園地での人々の行動を作文に書こう。

○学習の流れ
1 漢字の読み方や書き方を確認する。
2 絵と漢字を照らし合わせて、人々の行動を想像する。
3 作文を書く。
4 書いた作文を読み合う。

○挿絵を見て想像してみよう。

教科書 p.110
のメリーゴーラ
ウンドの挿絵

様子

子どもが楽しそうにしている。
子どもが笑っている。
子どもが祖父に手をふっている。

行動

お客さんが順序よく並んでいる。

---

3 漢字を適切に使って作文を書く 〈20分〉

T 5年生で習った漢字を適切に使って、遊園地での人々の行動を作文に書きましょう。

○遊園地での人々の行動を書くという条件を押さえる。教科書の例文や教師のモデル文を基に、行動を表す言葉を押さえてから文章を書くようにする。

（例）銅像の前で、記念写真をとっています。
　　　遊園地の入口で、入場券を買います。

○人々の様子だけで文が終わるのではなく、「どこで」「何をしている」かが分かるように文を書くことができるように促すことが大切である。

4 書いた作文を読み合う 〈10分〉

T できた作文を発表しましょう。

○できた作文をグループで読み合い、正しく漢字を使えているかを確認したり、作文の内容をみんなで楽しんだりする。

○行動を文章に表す際には、教科書の言葉では不十分な場面があり、言葉を補う必要性が出てくる。子供たちが補った言葉を比較し、語句や文の意味や受ける印象について話し合うと学びが深まっていく。

（例）順序よく並んでいます。
　　　順序よく整列しています。

ICT 端末の活用ポイント

でき上がった作文を ICT 端末で写真に撮り、学習支援ソフトで共有することで、語句や文の意味、受ける印象などを比較できるとよい。

監修者・編著者・執筆者紹介

*所属は令和6年1月現在。

[監修者]

中村　和弘（なかむら　かずひろ）　　　東京学芸大学　教授

[編著者]

西川　義浩（にしかわ　よしひろ）　　　東京都　文京区立駕籠町小学校　主任教諭
秦　美穂（はた　みほ）　　　　　　　　東京都　東久留米市立第九小学校　主任教諭

[編著者] *執筆順。

氏名	所属	担当
中村　和弘　（前出）		●まえがき　●「主体的・対話的で深い学び」を目指す授業づくりのポイント　●「言葉による見方・考え方」を働かせる授業づくりのポイント　●学習評価のポイント　●板書づくりのポイント　●ICT端末等活用のポイント
西川　義浩　（前出）		●第6学年の指導内容と身に付けたい国語力　●伝わるかな、好きな食べ物／続けてみよう　●デジタル機器と私たち　●いちばん大事なものは
大熊　啓史	東京都　台東区立石浜小学校　主幹教諭	●つないで、つないで、一つのお話　●帰り道
髙桑　美幸	東京都　板橋区立志村第四小学校　指導教諭	●準備　●春のいぶき　●文の組み立て　●たのしみは　●夏のさかり
荒木　悠介	東京都　文京区立駕籠町小学校　主幹教諭	●公共図書館を活用しよう　●私と本／星空を届けたい
新野　皓紀	東京都　目黒区立東根小学校　主任教諭	●漢字の形と音・意味　●漢字の広場①　●漢字の広場②
秦　美穂　（前出）		●聞いて、考えを深めよう　●［練習］笑うから楽しい／時計の時間と心の時間／［情報］主張と事例　●情報と情報をつなげて伝えるとき
浪久　隼斗	東京都　世田谷区立喜多見小学校　主任教諭	●天地の文　●せんねん　まんねん／名づけられた葉
松脇　伸之	東京都　文京区立小日向台町小学校　主任教諭	●インターネットでニュースを読もう
岩崎　佳美	東京都　文京区立林町小学校　主任教諭	●文章を推敲しよう

『板書で見る全単元の授業のすべて 国語 小学校6年上〜令和6年版教科書対応〜』付録資料について

本書の付録資料は、東洋館出版社ホームページ内にある「マイページ」からダウンロードすることができます。なお、本書のデータを入手する際には、会員登録および下記に記載しているユーザー名とパスワードが必要になります。入手の方法は以下の手順になります。

【東洋館出版社 HP】

URL https://www.toyokan.co.jp

[東洋館出版社] [検索]

---

❶東洋館出版社オンラインのトップページにある「丸いアイコン」をクリック。

❷会員の方はメールアドレスとパスワードを入力しログイン、未登録の方は「アカウント作成」から新規会員登録後ログイン。

❸マイアカウントページにある「ダウンロードコンテンツ」をクリック。

❹対象の書籍をクリック。下記のユーザー名、パスワードを入力。

ユーザー名：shokoku_6j
パスワード：K8nqkvXh

【使用上の注意点および著作権について】

・リンク先にはパソコンからアクセスしてください。スマートフォンではファイルが開けないおそれがあります。
・PDFファイルを開くためには、Adobe Readerなどのビューアーがインストールされている必要があります。
・収録されているファイルは、著作権法によって守られています。
・著作権法での例外規定を除き、無断で複製することは法律で禁じられています。
・収録されているファイルは、営利目的であるか否かにかかわらず、第三者への譲渡、貸与、販売、頒布、インターネット上での公開等を禁じます。
・ただし、購入者が学校での授業において、必要枚数を生徒に配付する場合は、この限りではありません。ご使用の際、クレジットの表示や個別の使用許諾申請、使用料のお支払い等の必要はありません。

【免責事項・お問い合わせについて】

・ファイル使用で生じた損害、障害、被害、その他いかなる事態についても弊社は一切の責任を負いかねます。
・お問い合わせは、次のメールアドレスでのみ受け付けます。tyk@toyokan.co.jp
・パソコンやアプリケーションソフトの操作方法については、各製造元にお問い合わせください。

カスタマーレビュー募集

本書をお読みになった感想
を下記サイトにお寄せ下さ
い。レビューいただいた方
には特典がございます。

https://toyokan.co.jp/products/5399

板書で見る全単元の授業のすべて

国語 小学校 6 年上
～令和 6 年版教科書対応～

2024(令和 6) 年 4 月 1 日　初版第 1 刷発行

監 修 者：中村　和弘
編 著 者：西川　義浩・秦　美穂
発 行 者：錦織　圭之介
発 行 所：株式会社東洋館出版社
　　　　　〒101-0054　東京都千代田区神田錦町 2 丁目 9 番 1 号
　　　　　　　　　　　コンフォール安田ビル 2 階
　　　　　代　表 TEL：03-6778-4343　FAX：03-5281-8091
　　　　　営業部 TEL：03-6778-7278　FAX：03-5281-8092
　　　　　振　替 00180-7-96823
　　　　　Ｕ Ｒ Ｌ https://www.toyokan.co.jp

印刷・製本：藤原印刷株式会社

装丁デザイン：小口翔平＋村上佑佳（tobufune）
本文デザイン：藤原印刷株式会社
イラスト：赤川ちかこ・すずき匠（株式会社オセロ）

ISBN978-4-491-05399-8　　　　　　　　Printed in Japan